KLETTERN & RECHT

von

Dr. Maria Auckenthaler

und

Dr. Norbert Hofer

österreichisches kuratorium für alpine sicherheit

BERGRETTUNGSDIENST ÖSTERREICH

Zitiervorschlag: *Auckenthaler/Hofer,* Klettern & Recht (2009)

Sämtliche Angaben in diesem Ratgeber erfolgen trotz sorgfältiger Bearbeitung ohne Gewähr; eine Haftung der Autoren sowie des Verlages ist ausgeschlossen.

ISBN 978-3-214-00435-4

Telefon: (01) 531 61-0
E-Mail: verlag@MANZ.at
World Wide Web: www.MANZ.at
Datenkonvertierung und Satz: Anita Frühwirth/www.effundwe.at
Bildnachweis © Christian Schütz – Fotolia.com.
Foto Maria Auckenthaler: Ebner
Foto Norbert Hofer: Christa Hofer

Vorwort Dr. Karl Gabl

Das Österreichische Kuratorium für Alpine Sicherheit hat sich seit seiner Gründung im Jahr 1967 intensiv mit dem Thema alpine Sicherheit auseinandergesetzt. Fungierend als Plattform, als Netzwerk für die im alpinen Bereich tätigen Organisationen wie die alpinen Vereine, Behörden und Institutionen hat das Kuratorium in der Vergangenheit maßgeblich bei Publikationen, Foren und Presseaussendungen mitgewirkt.

Besonders intensiv waren und sind die Bemühungen einer Kriminalisierung jeglicher sportlicher Tätigkeit im alpinen Raum durch die Öffentlichkeit entgegen zu wirken.

Gesellschaftspolitisch nicht sinnvoll wäre eine gesetzliche Regelung von sportlichen Aktivitäten im Gebirge, von Aktivitäten im Klettergarten oder auf Kletterwänden im indoor- oder outdoor-Bereich. Vielmehr kommt der seit Jahrzehnten ständigen Weiterentwicklung von Sicherheitsstandards und von Regeln im gesamten Alpinsport die größte Bedeutung zu, weil auch der Gesetzgeber, sei es Bund oder die Länder in Österreich, überfordert wären, die ständige Weiterentwicklung der Standards gesetzlich in einer vertretbaren Zeit zu regeln. Darüber hinaus muss darauf hingewiesen werden, dass auch bei Standards von den Experten unterschiedlich richtige und nachvollziehbare Meinungen vertreten werden.

Nach geübter Rechtspraxis in Österreich werden bei einem „Fehlverhalten" im alpinen Sport die gültigen Standards und Regeln zur Definition der „Maßfigur" herangezogen und von Sachverständigen und bei Gericht zur Klärung der Schuldfrage verwendet.

Dieses vorliegende von Dr. Maria Auckenthaler und Dr. Norbert Hofer verfasste Werk ist ein umfangreiches und wertvolles Werk für jeden, sei es Kletterer, Betreiber oder Errichter von Klettersporteinrichtungen und natürlich für die Rechtsprechung in Österreich.

Dr. Karl Gabl
Präsident des Österreichischen Kuratoriums für Alpine Sicherheit

Vorwort Peter Veider

Wenn man vom richtigen Zeitpunkt spricht, dann trifft das beim vorliegenden Buch „Klettern und Recht“ eindrucksvoll zu. Mit viel Fach- und Insiderwissen ist ein interessantes, leicht lesbares und für jeden nachvollziehbares Nachschlagewerk entstanden, das gerade jetzt sehr nützlich ist, wurde doch erst unlängst über die Plattform Climbers Paradise das Projekt Climb Tirol gestartet. Mit dieser landesweiten Initiative, die durch Tirol Werbung und unter Federführung von Landeshauptmann Günther Platter in die Wege geleitet wurde, soll neben einem starken Wintertourismus ein ebenso lebhafter Sommertourismus gefördert werden.

Ob Wandern, Klettern, Klettergärten, Klettersteige, Kletterhallen und die dazu nötige Infrastruktur: Das Konzept von Climb Tirol bleibt nicht nur bei diesem Angebot in den Tiroler Tourismusregionen stehen. Es liefert Interessierten zusätzlich alles Wissenswerte darüber per Internet direkt ins Haus, und sorgt gleichzeitig auch für die unabdingbaren Sicherheitsmaßnahmen, etwa durch die notwendigen Bergekonzepte für die Bergrettung.

Für die bereits bestehenden Kletterrouten, Klettergärten und Klettersteige ist dieses Buch Basis für ein geordnetes Prüfen und Sanieren, für alle zukünftigen Initiativen Grundlage für das Neuerrichten. Die vielen praktischen Abhandlungen – wie Führer aus Gefälligkeit, Fallbeispiele, Normen, Checklisten und gerichtliche Entscheidungen – machen dieses Werk für jeden Alpinisten, Bergretter, Hallenbetreiber aber auch Juristen zu einer unverzichtbaren und wertvollen Lektüre.

Peter Veider
Geschäftsführer der Bergrettung Tirol

Vorwort der Autoren

Klettern ist ein boomender Sport, bleibt jedoch eine Risikosportart. Mit welchen Folgen man bei einem Kletterunfall möglicherweise zu rechnen hat, Konsequenzen von Sicherungsfehlern aber auch die Möglichkeit, zumindest für finanzielle Folgen aus Kletterunfällen vorzubeugen, soll dieser Ratgeber aufzeigen. Er soll keineswegs davor abschrecken, klettern zu gehen – zu begeistert sind wir beide selber davon.

Ganz bewusst haben wir versucht, die Formulierungen für Anwender aus dem Bereich des Sports verständlich zu machen und das „Juristendeutsch" beiseite zu lassen. Soll sich doch dieses Buch in erster Linie an Kletterer, Kletterlehrer, Kletterzentren, Bergführer und Interessierte wenden und erst in zweiter Linie an Juristen aus der Praxis.

Neben einer allgemeinen Abhandlung zu Rechtsfragen beim Klettern haben wir ausgewählte Entscheidungen aufgenommen. Gerichtliche Entscheidungen zu Kletterunfällen sind großteils unveröffentlicht. Die ausgewählten Fälle sollen deshalb einen Teil der bisherigen Rechtsprechung aufzeigen.

Dem Verlag MANZ danken wir für die Zusammenarbeit, der Lektorin Mag. Barbara Kern für ihr Engagement. Der geschäftsführenden Gesellschafterin Mag. Susanne Stein-Dichtl danken wir für die sofortige Bereitschaft, ein Buch zum Thema „Klettern und Recht" zu verlegen.

Innsbruck, im Februar 2009

Maria Auckenthaler *Norbert Hofer*

Für Richard Für Brigitte und Hannah

Die Autoren

Dr. Maria Auckenthaler, Jahrgang 1976, absolvierte das Studium der Rechtswissenschaften an den Universitäten Innsbruck und Wien. Ein Jahr lang arbeitete sie als selbständige Rechtsanwältin in Innsbruck. Seit 2008 ist sie als Staatsanwältin tätig. Publikationen erfolgten im „Berg&Steigen", der Sportkletterfibel und dem Jahrbuch des Kuratoriums für Alpine Sicherheit.

Dr. Norbert Hofer, Jahrgang 1969, absolvierte das Studium der Rechtswissenschaften an der Universität Innsbruck. Er ist seit 2000 am Landesgericht Innsbruck als Strafrichter tätig. Publikationen erfolgten im „Berg&Steigen", „Sicherheit im Bergland", „Bergretter" etc. Seit 2003 ist er Mitglied des österreichischen Bergrettungsdienstes und leitet seit 2007 die Ortsstelle Telfs.

Inhaltsverzeichnis

Abkürzungsverzeichnis

aM	anderer Meinung
a.a.O.	am angegebenen Ort
ABGB	Allgemeines bürgerliches Gesetzbuch
Abs.	Absatz
ATS	österreichischer Schilling
Aufl.	Auflage
BG	Bezirksgericht
BGBl.	Bundesgesetzblatt
BlgNr	Beilage(-n) zu den stenographischen Protokollen des Nationalrates.
Bzw.	beziehungsweise
daN	Dekanewton
DAV	Deutscher Alpenverein
d.h.	das heißt
EB RV	erläuternde Bemerkungen zur Regierungsvorlage
EN	eurpäische Norm
etc	et cetera
EvBl	Evidenzblatt der Rechtsmittelentscheidungen (ÖJZ); zitiert: Jahr/Nummer
f.	folgende
ff.	fortfolgende
FIS	Fédération Internationale de Ski, Internationaler Skiverband
ForstG	Forstgesetz
GP	Gesetzgebungsperiode
GPS	Global Positioning System
Hrsg.	Herausgeber
i.d.R.	in der Regel
IKAR	Internationale Kommission für alpines Rettungswesen
ILL	Integrierte Landesleitstellen
Insbes.	insbesondere
i.s.d.	im Sinne des (der)
JBl	Juristische Blätter (zitiert nach Jahr und Seite)

KKA	Künstliche Kletteranlagen
KN	Kilonewton
Ktn. NationalparkG	Kärntner Nationalparkgesetz
LG	Landesgericht
LGBl.	Landesgesetzblatt
Lj	Lebensjahr
m	Meter
MietSlg	„Mietrechtliche Entscheidungen", begründet von Heller-Radl nunmehr hrsg. von Heller und bearbeitet von Würth-Zachar-Palten
OEAV	Österreichischer Alpenverein
OGH	Oberster Gerichtshof
OLG	Oberlandesgericht
ÖNORM	Nationale österreichische Norm
OÖ	Oberösterreich
ORF	Österreichischer Rundfunk
PLZ	Postleitzahl
RGBl.	österreichisches Reichsgesetzblatt
Rz	Randziffer
RZ	Österreichische Richterzeitung; zitiert: Jahr, Seite, an 1973 Jahr/Nummer
SAC-CAS	Schweizer Alpen-Club
Sbg. NationalparkG	Salzburger Nationalparkgesetz
sog.	sogenannt
SpuRT	„Sport und Recht", Herausgegeben in Verbindung mit dem Konstanzer Arbeitskreis für Sportrecht e.V. – Verein für deutsches und internationales Sportrecht – und der ISLA (International Sport Layers Association)
SSt	Entscheidungen des österreichischen Obersten Gerichtshofes in Strafsachen und Disziplinarangelegenheiten, veröffentlicht von seinen Mitgliedern unter Mitwirkung der Generalprokuratur; zitiert: Bandzahl/Nummer, ab 2003:Jahr/Nummer
StGB	Strafgesetzbuch, BGBl 1974/60
StPO	Strafprozessordnung 1975, BGBl 631
SZ	Entscheidungen des österreichischen Obersten Gerichtshofes in Zivil- und Justizverwaltungssa-

	chen; zitiert: Bandzahl / Nummer, ab 2002 Jahr/ Nummer
Tir. NaturschutzG	Tiroler Naturschutzgesetz
u.a.	und andere
UIAA	Union Internationale des Associations d'Alpinisme
VersVG	Versicherungsvertragsgesetz 1958 BGBl 1959/2
VfGH	Verfassungsgerichtshof
VfSlg	„Sammlung der Erkenntnisse und wichtigsten Beschlüsse des Verfassungsgerichtshofes" Neue Folge, hrsg von Quell u.a.
WK	Wiener Kommentar zum Strafgesetzbuch
z.B.	zum Beispiel
Zl	Zahl
ZPO	Zivilprozessordnung RGBl 1895/113
ZVR	„Zeitschrift für Verkehrsrecht" Aufsätze: Jahrgang, Seite; Entscheidungen

I. Bisherige Regelungen

Klettern, sei es im Freien oder in der Halle, hat sich in den letzten Jahren zu einem beliebten und viel ausgeübten Sport entwickelt. Neue Routen und Klettergebiete im Freien als auch errichtete Kletterhallen machen das Klettern einer großen Anzahl von Personen zugänglich. Ende der 1990er Jahre wurden die ersten Kletterhallen errichtet. Klettern ist (außer beim sogenannten Bouldern) normalerweise keine Sportart, die alleine ausgeübt wird. Neben einer Vielzahl an Material (abhängig davon, ob in der Kletterhalle oder im Freien geklettert wird) ist ein Sicherungspartner notwendig. Durch die angestiegene Zahl der Kletterer war es zweckdienlich und auch notwendig, allgemein gültige Kletterregeln zu entwerfen. Kletterregeln sollen dabei dazu dienen, kurz, anschaulich und leicht merkbar jene Voraussetzungen zu definieren, unter welchen ein möglichst gefahrloses Klettern durchgeführt werden kann.

Im Jahr 1999 wurden vom österreichischen Alpenverein sogenannte Kletterscheine entwickelt und herausgegeben. Damals fasste man als Zielgruppe Kinder und Jugendliche ins Auge. Intention der Kletterscheine war es, einen risikobewussteren Umgang mit dem Klettern zu erzielen. Es gab vier Kletterscheine, wobei der 1. und der 2. Kletterschein den Fokus auf das Klettern im Freien legten. Bis heute wurden ca. 40.000 Stück dieser Kletterscheine vertrieben. Auf den Kletterscheinen waren die damals entwickelten zwölf Kletterregeln aufgelistet.

A. Die zwölf Klettergebote (Kletterregeln des Alpenvereins)

Im Jahr 1999 hat der Alpenverein im Rahmen einer Kletterscheinaktion zwölf Kletterregeln formuliert. Die Intention dieser Regeln war es, die Unfallzahlen zu senken und Verhaltensregeln für alle Kletterer festzulegen.

1. Mach dich mit deiner **Ausrüstung** vertraut: Studiere sorgfältig die Gebrauchshinweise und behandle deine Ausweisung schonend.

2. **Aufwärmen** vor dem Klettern: Schütze deine Gelenke, Sehnen und Muskeln! Klettere erst dann an deine Grenze, wenn dein ganzer Körper durch Gymnastik oder Klettern in leichten Routen warm ist.
3. **Kein freies Seilende**: Durch eine Achterschlinge im Seilende verhinderst du, dass du beim Ablassen das Seilende übersiehst. Mach diesen Knoten immer, egal wo du kletterst.
4. **Partnercheck** vor jedem Start: Kontrolliert euch gegenseitig. Der Gurt rückgefädelt? Der Anseilknoten richtig geknüpft bzw. der Schraubverschluss des Anseilkarabiners zugedreht? Das Sicherungsgerät richtig eingelegt? Kein freies Seilende?
5. **Volle Aufmerksamkeit** beim Sichern: Das Leben deines Partners liegt in deinen Händen! Wähle deinen Standort in Wandnähe, schräg unter dem 1. Haken. Halte das Seil immer möglichst straff, gerade so, dass dein Partner beim Klettern nicht behindert wird. Wichtig: Den Partner langsam und gleichmäßig ablassen.
6. Lass deinen Partner wissen, was los ist: **Informiere** deinen Partner immer: Bevor du loskletterst, bevor du dich ins Seil hängst, bevor du kontrolliert abspringst! Beachte in Mehrseillängentouren die Seilkommandos „Stand" und „Nachkommen".
7. Achte auf den **richtigen Seilverlauf:** Das Seil läuft immer wandseitig in den Karabiner ein. Bei schrägem Routenverlauf hängst du die Expressschlinge so ein, dass die Schnapperöffnung in die entgegengesetzte Richtung zeigt. Bei schrägem Routenverlauf das Seil immer außerhalb des Schrittes führen (nicht zwischen den Beinen).
8. **Nie Seil auf Seil:** Nie direkt über Reepschnüre oder Bandschlingen Toprope-Sichern oder einen Partner ablassen! Achte darauf, dass in einem Toprope-Haken, in einer Zwischensicherung oder an einer Abseilstelle immer nur ein Seil eingefädelt ist.
9. **Vorsicht beim Abseilen:** Nie an einem einzelnen Normalhaken abseilen. Immer die Seilenden verknoten (Ausnahme: Wenn du siehst, dass beide Seilenden am Boden aufliegen).
10. **Nicht übereinander klettern:** Warte bis deine Route frei ist.
11. **Schütze deinen Kopf:** Ein Helm schützt dich vor Kopfverletzungen bei unkontrollierten Stürzen und Steinschlag! Verzichte auf den Helm nur, wenn du beides weitgehend ausschließen kannst.

12. **Achte auf deine Umwelt:** Respektiere andere Kletterer und informiere sie über Fehler und Gefahren. Vermeide Lärm und hinterlasse keinen Müll. Benütze die Wege und beachte bestehende Kletterverbote. Vor der Erschließung unberührter Felsen informiere dich über die Besitzverhältnisse.

B. Die acht Kletterregeln des Alpenvereins

Im Jahr 2003 wurden die Kletterscheine und Kletterregeln überarbeitet. Aus den ursprünglich vier Kletterscheinen wurden drei Kletterscheine mit den Inhalten „Toprope", „Indoor" und „Outdoor basic". Aus den bisher zwölf Kletterregeln wurden acht Kletterregeln. Zusätzlich entwickelte der österreichische Alpenverein die Begleitbroschüre „Sicher klettern".

1. Mach dich mit deiner Ausrüstung vertraut: Benütze **nur normgerechte Bergsportausrüstung** (CE-Zeichen) und studiere sorgfältig die Gebrauchshinweise.
2. **Aufwärmen** vor dem Klettern: Gymnastik und Warmklettern schützt deine Gelenke, Sehnen und Muskeln.
3. **Partnercheck** vor jedem Start: Kontrolliert euch gegenseitig: Anseilknoten, Gurtverschluss, Sicherungsgerät, Karabiner-Verschlusssicherung, Seilende.
4. **Volle Aufmerksamkeit beim Sichern:** Das Leben deines Partners liegt in deinen Händen.
5. Lass deinen Partner wissen, was los ist: **Kommunikation** verhindert Missverständnisse, informiere deinen Partner immer, bevor du dich ins Seil hängst.
6. **Nie Seil auf Seil:** Ablassen nur über Umlenkungen aus Metall. Nie zwei Seile in denselben Karabiner/Toprope-Haken einhängen.
7. **Schütze deinen Kopf:** Ein Helm schützt dich vor Kopfverletzungen, bei Stürzen und Steinschlag.
8. **Verhalte dich rücksichtsvoll:** Respektiere andere Kletterer und informiere sie über Fehler und Gefahren. Beachte bestehende Kletterverbote.

Die Kletterscheine sollen dazu dienen, vor allem Kinder, Jugendliche und Anfänger mit dem Klettern vertraut zu machen und auf jene Verhaltensregeln hinzuweisen, die beim Klettern unbedingt beherrscht und berücksichtigt werden müssen. Ob die Voraussetzungen für den Erhalt der Kletterscheine vorliegen, kann nur von bestimmten (ausgebildeten) Personen überprüft werden.

Für das Klettern in der Halle wurden eigenen Regeln, sogenannte Hallenregeln, entwickelt. Diese sind unter dem Namen „Check und Climb“ bekannt.

C. Die zwölf Empfehlungen des Alpenvereins für das Hallenklettern

Die acht Kletterregeln sowie die Hallenregeln wurden wiederum überarbeitet und den Entwicklungen angepasst. Der österreichische Alpenverein erarbeitete eine Kampagne, die mit den Alpenvereinen in Deutschland und Südtirol und dem Schweizer Alpenclub abgestimmt wurde. Dabei wurden zwölf Empfehlungen erarbeitet, in denen die elementaren Sicherheitsregeln beim Toprope- und Vorstiegsklettern dargestellt werden.[1]

1. Partnercheck vor jedem Start: Gurtverschlüsse, Anseilknoten und Anseilpunkt, Seilende abgeknotet.
2. Im Vorstieg direkt einbinden: im Toprope auch mit zwei gegengleichen Karabinern möglich.
3. Kinder nicht überfordern.
4. Sicherungsgerät richtig bedienen. Nur mit vertrauten Geräten sichern; eine Hand umschließt immer das Bremsseil.
5. Volle Aufmerksamkeit beim Sichern: Kein Schlappseil.
6. Alle Zwischensicherungen einhängen.
7. Zwischensicherungen nicht überstreckt einhängen: Einhängen aus stabiler Position; möglichst auf Hüfthöhe einhängen.
8. Sturzraum freihalten: am Boden und an der Wand.
9. Kein Toprope an einzelnem Karabiner.
10. Pendelgefahr beachten.
11. Nie Seil auf Seil.
12. Vorsicht beim Ablassen: Partner langsam ablassen.

1 Michael Larcher, OeAV-Sicherheitsexperte, Tiroler Tageszeitung vom 5.3.2009.

Die Klettergebote des Alpenvereins (sowohl die zwölf als auch die acht Regeln) sowie die zwölf Empfehlungen haben noch keinen Normcharakter wie beispielsweise die FIS-Pisten-Regeln. Es handelt sich lediglich um Empfehlungen. Eine gesetzliche Verankerung gibt es noch nicht. Die bereits vor Gericht abgehandelten Kletterunfälle zeigen, dass die erkennenden Richter die Kletterregeln und die Einhaltung derselben zur Prüfung des Verschuldens heranziehen, um festzustellen, ob sich die Kletterer ordnungsgemäß (im Sinne der Empfehlungen) verhalten haben.

Exkurs: Kletterregeln des deutschen Alpenvereins

Im Jahr 2005 startete der Deutsche Alpenverein die Aktion „Sicher Klettern" und gab dazu die Kletterscheine „Toprope" und „Vorstieg" heraus. Diese bauen aufeinander auf und sollen ein Nachweis für eine erfolgreich absolvierte Ausbildung zum sicheren Klettern und verantwortungsvollen Sichern in der Kletterhalle sein. Im Anschluss an einen Kurs samt Prüfung können diese Kletterscheine erworben werden.

Der deutsche Alpenverein hat acht Kletterregeln herausgegeben:

1. **Seilende absichern:** Auch wenn das Seilende offensichtlich lang genug für die Route ist, sollte das Seilende immer abgesichert werden. Damit wird verhindert, dass das Seilende beim Ablassen durch das Sicherungsgerät durchrutscht
2. **Selbstkontrolle und Partnercheck:**
   Kletterer: Gurtverschluss richtig geschlossen, Abseilkonten fertig geknüpft und festgezogen, Verbindung Seil – Gurt korrekt.
   Sicherer: Gurtverschluss richtig geschlossen, Sicherungsgerät richtig im Gurt eingehängt, Seil richtig in das Sicherungsgerät eingelegt, Karabinerverschluss-Sicherung am Sicherungsgerät zu, Handtest.
3. **Sicherungsgerät richtig bedienen:** Die Bremshand darf immer nur das Bremsseil umfassen, nicht das zum Kletterer führende Seil. Die Bremshand muss das Seil immer vollständig umschließen. Das Bremsseil verläuft straff zum Sicherungsgerät. Bremshand grundsätzlich unterhalb des Sicherungsgeräts (Tube, Achter und ähnliche Geräte). Bremshand oberhalb des HMS-Karabiners bei der Halbmastwurfsicherung.

4. **Beim Sichern:** Die richtige Position einnehmen: Der Sichernde steht nahe an der Wand. Der Sichernde steht seitlich der Falllinie des Kletterers.
5. **Auf Fühlung sichern, kein Schlappseil:** Ständig hohe Aufmerksamkeit. Beim Ausgeben und Einnehmen: kein Schlappseil.
6. **Beim Klettern:** Clippen in stabiler Position, kein Schlappseil: Einhängen der Exen aus einer stabilen Position. „Überstrecktes" Clippen vermeiden. Seilverlauf vor dem Körper beachten. Nicht hinter das Seil steigen. Unverdrehtes Einhängen der Zwischensicherungen, das Seil läuft von der Wand durch den Karabiner zum Kletternden.
7. **Doppelte Absicherung an der Umlenkung:**
   Beim *Topropeklettern:* Nicht über die Umlenkung hinaussteigen. Eine Umlenkung mit Schnappkarabiner muss mit einer Expressschlinge hintersichert sein. Bei Schraubkarabiner an der Umlenkung: Schrauber zudrehen.
   Beim *Vorstiegsklettern:* Seil im Umlenkkarabiner einhängen. Kommando „zu" und warten bis Seilzug kommt. Dann ins Seil setzen und Kommando „ab".
8. **Kontrolliert ablassen:** Nach dem Kommando „zu" Partner auf Zug nehmen, Schrittstellung einnehmen, nach „ab" Partner langsam ablassen. Beide Hände ans Bremsseil und kontrolliert durchlaufen lassen. Sicherungsgerät richtig bedienen. Auf Personen im „Landegebiet" achten.

II. Errichten, Erhalten und Sanieren von Kletterrouten, Klettergärten und Klettersteigen

Das Bedürfnis nach standardisierten, bewerteten und optimal abgesicherten Klettermöglichkeiten lässt nicht nur im Winter die Kletterhallen boomen. Auch im Freien wächst die Zahl der Klettermöglichkeit konstant. Gerade umfangreiche Sanierungen ermöglichen damit einem viel weiteren Personenkreis die Begehung von Kletterrouten und tragen damit dazu bei, dass Klettern endgültig zum Breitensport wird.

Das Veröffentlichen von Erstbegehungen und dem Einrichten neuer Kletterrouten hat lange Tradition. Seit der Entwicklung des Klettersports zum Breitensport und der professionellen Einrichtung von Klettersteigen und Klettergärten treten naturgemäß Konflikte zwischen Kletterern einerseits und Grundeigentümern und Jagdpächtern andererseits auf.

Es ergeben sich die Fragen,

- ob Routen von jedermann eingerichtet werden dürfen,
- wessen Zustimmung hierfür erforderlich sein kann,
- ob und von wem eingerichtete Routen zu warten sind und
- ob im Falle eines Unfalles der Errichter oder der Halter zur Haftung herangezogen werden kann.

Klagsführungen gegen Grundeigentümer, auf deren Liegenschaften sich Klettergärten befinden, führten zur (unbegründeten) Befürchtung der Grundeigentümer, bei Unfällen zur Haftung herangezogen zu werden. Häufig ist blindes Vertrauen in bereits vorhandene Sicherungs- und Abseilmöglichkeiten zu beobachten, dies ohne nähere eigene Überprüfung bzw. Kenntnis, ob überhaupt und wann eine Wartung oder Kontrolle der Sicherungseinrichtungen erfolgte.

Insbesondere das Recht zur Errichtung und die Verpflichtung zur Wartung von Klettermöglichkeiten hängt davon ab, ob eine Kletterroute, ein Klettergarten oder ein Klettersteig errichtet werden. Auch die Haftungsfrage bei Unfällen ist davon abhängig, ob sich die Unfallstelle in jemandes Besitz befindet, ob Wartungspflichten oder Vertragsverhältnisse bestehen bzw. eine Route als Weg im Sinne des Gesetzes zu definieren ist. Es scheint daher erforderlich, vorab die entsprechenden Begriffe zu erläutern:

A. Begriffsbestimmungen und Definitionen

1. Kletterroute

Als Kletterroute oder Führe wird eine vorgegebene Strecke zum Erreichen eines Gipfels oder einer Felswand bezeichnet, die mit Bohr- oder Klemmhaken abgesichert ist und sich üblicherweise über mehrere Seillängen erstreckt. In den meisten Fällen erfolgt eine Bewertung des Schwierigkeitsgrades, die Bezeichnung der Route mit einem Namen und die Erstellung einer Topo, aus der Routenverlauf, Sicherungsmöglichkeiten, Materialbedarf, Standplätze und Abseilmöglichkeiten ersichtlich sind.

2. Klettergebiet

Unter einem Klettergebiet versteht man Felswände, in denen eine *Ansammlung von Kletterrouten* erschlossen worden ist, die im Normalfall nicht dazu dienen, einen Gipfel zu erreichen. Die Routen weisen einen mehr oder weniger alpinen Charakter auf und sind meist vollständig mittels Bohrhaken abgesichert. Sie können im Vor- und im Nachstieg begangen werden und erstrecken sich meist über mehrere Seillängen.

3. Klettergarten

Der Übergang vom Klettergebiet zum Klettergarten ist insbesondere beim „gewachsenen" Klettergarten fließend. Ein Klettergarten definiert sich dadurch, dass auf engstem Raum eine kompakte Ansammlung von Kletterrouten geschaffen wird, die bewusst unterschiedliche Schwierigkeitsgrade aufweisen, üblicherweise nicht mehr als eine Seillänge umfassen und „Toprope" geklettert werden können. Die Sicherungsabstände sind kurz gehalten, sodass aufgrund relativ geringer Sturzhöhe ohne hohes Verletzungsrisiko Stürze riskiert und bis an die Leistungsgrenze geklettert werden können.

Von „gewachsenen" Klettergärten zu unterscheiden sind die „eingerichteten“ Klettergärten, die nicht nacheinander – meist durch verschiedene Begeher – eingebohrt wurden, sondern bewusst etwa von alpinen Vereinen, Tourismusverbänden und Gemeinden etc. „eingerichtet“ werden.

„Eingerichtete“ Klettergärten sind als Weg i.S.d. § 1319a ABGB (Definition siehe unten) zu werten.

Gidl[2] bezeichnet die zufällige Aneinanderreihung von Routen durch unterschiedliche Personen ohne Bewerbung und ohne Betreiber als Kletterbereiche.

4. Klettersteig

Beim Klettersteig erfolgt eine durchgehende Absicherung mit Stahlseil, künstliche Tritthilfen in Form von Stiften, Bügeln und Leitern sind mehr oder weniger umfangreich vorhanden. Die Begehung erfolgt ohne Seil, die Sicherung erfolgt mittels Klettersteigausrüstung (meist Y-Systeme mit Sturzdämpfung).

Klettersteige sind wie eingerichtete Klettergärten Wege im Sinne des § 1319a Abs. 2 ABGB.

5. Bouldergebiet

Im Bouldergebiet wird in wenigen Metern Höhe geklettert (Absprunghöhe), eine Sicherung mittels Seil erfolgt nicht, Sicherungseinrichtungen im Fels sind ebenso wenig vorhanden. Das Bouldergebiet dient in erster Linie dem technischen Training.

6. Weg i.S.d. § 1319a Abs. 2 ABGB

Ein Weg im Sinne dieser Bestimmung ist eine Landfläche, die von jedermann unter den gleichen Bedingungen für den Verkehr jeder Art oder für bestimmte Arten des Verkehrs benützt werden darf, auch wenn sie nur für einen bestimmten Benützerkreis bestimmt ist. Die Mangelhaftigkeit des Zustandes eines Weges richtet sich danach, was nach der Art des Weges, nach seiner Widmung, für seine Anlage und Betreuung angemessen und zumutbar ist.

Alle angelegten alpinen Steige und versicherten Klettersteige sind

---

2 Dr. Karlheinz Gidl, „Klettern, Abenteuer und Bergsport“, Seminar des Alpenvereins für Richter und Staatsanwälte 1996, Seite 75 ff.

Wege im Sinne dieser Bestimmung![3] Die bei einem Klettersteig angebrachten Versicherungen gehören als „dem Verkehr dienende Anlagen" zum Weg.[4]

7. Wegehalter

Als Halter eines Weges bezeichnet man denjenigen, der die Kosten für die Errichtung und die Erhaltung eines Weges – also zum Beispiel eines Klettersteiges – trägt und die Verfügungsmacht hat. Unwesentlich ist, ob der Halter auch zugleich der Eigentümer der betreffenden Liegenschaft ist.

8. Sportstätte

Dem Begriff der Sportstätte kommt insofern Bedeutung zu, als den Verantwortlichen einer Sportstätte weitergehende Verkehrssicherungspflichten treffen als dies etwa beim Wegehalter der Fall ist. Das bedeutet, dass der Verantwortliche (Eigentümer, Halter, Pächter,...) den Benutzer einer Sportstätte vor solchen Gefahren schützen muss, die über die übliche Benutzung (übliche Gefahr) hinausgehen. Solche üblichen Gefahren sind z.B. Abschürfungen, die beim Klettern fast zwangsläufig erlitten werden.

Es bestehen in der Literatur unterschiedliche Definitionen einer „Sportanlage" oder einer „Sportstätte", die teilweise auf das Vorhandensein baulicher Anlagen oder Geländebearbeitung abstellen.

Wir definieren Sportstätten als Gebäude und Einrichtungen, die zur Sportausübung dienen, dementsprechend gewidmet und dafür errichtet wurden, nicht jedoch bereits bestehende natürliche Felswände, die lediglich zum Klettern aufgeschlossen und mit Sicherungseinrichtungen versehen wurden.

Von einer Sportstätte wird man dann sprechen können, wenn eine *Einrichtung zur Sportausübung* ***geschaffen*** *oder Gelände umfassend umgestaltet wird, ein eingeschränkter Benutzerkreis gegeben ist oder der Benutzerkreis begrenzt werden kann sowie ob räumliche Abgrenzungen vorhanden sind.* Ein weiteres Merkmal ist unseres Erachtens eine Schaffung auf Dauer oder zumindest längere Zeit und Ausgestaltung mit entsprechender Infrastruktur. Dies ist bei Kletterhallen sicherlich

[3] JBl. 1988, 41.

[4] A.a.O.

der Fall, unseres Erachtens aber – von Ausnahmefällen abgesehen – nicht bei Klettergärten oder Klettersteigen, die Wege i.S.d. obigen Definition darstellen (Details auch zu Punkt II. B. 2.).

B. Errichtung einer Kletterroute, eines Klettergartens oder Klettersteiges

Bereits das Einrichten einer Kletterroute ist verbunden mit dem Einbohren oder Einschlagen von Sicherungshaken, der Einrichtung von Standplätzen und allenfalls auch Abseilstellen. Hierbei werden zwangsläufig die Interessen Dritter, etwa des Grundeigentümers, tangiert. Je nach Art und Umfang bedarf es der Zustimmung des Liegenschaftseigentümers bzw. auch behördlicher Bewilligungen.

Unproblematisch sind hier lediglich Bouldergebiete, die naturgemäß nicht über entsprechende Sicherungseinrichtungen im Fels verfügen.

Die Problematik der freien Betretbarkeit von Waldflächen oder Ödland wird an dieser Stelle lediglich grob umrissen.[5]

„Ein Grundeigentümer stellt fest, dass ein Kletterer im Laufe von mehreren Jahren in einer Felswand 44 Kletterrouten bei 41 verschiedenen Einstiegen eingerichtet und diese mit etwa 500 Bohrhaken versehen hat“[6] (Details hiezu siehe in der Fallbesprechung.)

Inwieweit hat nun ein Grundeigentümer oder Pächter die Einrichtung von Routen, Klettergärten und Klettersteigen zu dulden?

1. Kletterrouten

a) Waldgebiete

Gemäß § 33 Abs. 1 ForstG darf jedermann den Wald zu Erholungszwecken betreten. Diese Bestimmung stellt eine Einschränkung des Eigentumsrechts in Form eines Legalservitutes – also eines bereits durch ein Gesetz eingeräumtes Rechts – dar.[7] Kletterfelsen unterhalb der Wald-

5 Als weiterführende Literatur mit einer eingehenden Auseinandersetzung dieser Thematik werden empfohlen: Monika Hinteregger, „Trendsportarten und Wegefreiheit“, Schriften zum Sportrecht, Band 1; Malaniuk, „Österreichisches Bergsportrecht“, Verlag Österreich.

6 OLG Linz, 4 R 185/05m

7 Eb RV 1266 BlgNr. 13. GP95.

grenze gelten dabei ebenso als Wald im Sinne des Forstgesetzes, soweit sie in Wald eingebettet sind und der Fels die vertikale Überschirmung der Fläche mit Holzgewächsen unterbricht.[8]

Klettern dient natürlich Erholungszwecken i.S.d. ForstG. Andererseits geht klettern über das bloße Betreten eines Waldgrundstückes hinaus, zumal – mit Ausnahme des „free solo Kletterns“ Sicherungsmittel wie Seile, Klemmgeräte und Haken, die teilweise im Fels verbleiben, verwendet werden. Auch dient die Einrichtung der Route nicht nur der einmaligen Begehung, sondern soll auch Wiederholungen zulassen bzw. anderen Kletterern die Möglichkeit eröffnen, die Route zu begehen.

Das OLG Wien vertrat in einer Entscheidung die Ansicht, dass eine Felswand als Teil des sie umgebenden Waldes der freien, durch den Grundeigentümer nicht beschränkbaren Ausübung des Klettersports, selbst mittels Anbringung von Bohrhaken, diene.[9]

§ 33 ForstG ermöglicht daher – von Ausnahmefällen abgesehen – das Betreten des Waldes und das Einrichten von Kletterrouten auch ohne Zustimmung des Grundeigentümers.

Darüber hinaus kann sich das Recht zur Betretung und zur Einrichtung von Kletterrouten *außerhalb* des Waldes auch aus Gewohnheitsrecht oder aus ersessenen Dienstbarkeiten ergeben. Ersitzung bedeutet in diesem Zusammenhang, dass eine Route vor mehr als 30 Jahren eröffnet wurde und diese von einer Person oder Mitgliedern eines alpinen Vereines immer wieder regelmäßig geklettert wurde. Im Falle einer Liegenschaft in öffentlichem Eigentum beträgt die Ersitzungszeit allerdings 40 Jahre. Dienstbarkeitsrechte sind eng auszulegen und Erweiterungen nicht zugänglich. So ist zum Beispiel die Erschließung weiterer Routen von bestehenden Servituten nicht umfasst, da dies eine räumliche Ausweitung der Dienstbarkeit bedeuten würde. Eine Ersitzung von Dienstbarkeiten *im Wald* wird allerdings durch § 33 Abs. 5 ForstG behindert, da hier festgelegt wird, dass durch die Benützung des Waldes zu Erholungszwecken eine Ersitzung nicht eintritt.

Weitere Einschränkungen können sich aus befristeten Betretungsverboten, Flurschutzgesetzen sowie dem Forst- und Jagdgesetz ergeben. Derartige Sperren sind örtlich und zeitlich aber begrenzt und müssen

8 Monika Hinteregger, Trendsportarten und Wegefreiheit, 63.

9 OLG Wien, 23.10.2003, 12 R 144/04i und OGH, 10.2.2004, 1 Ob 300/03d.

– von wenigen Ausnahmen abgesehen – ausnahmslos durch Hinweistafeln gekennzeichnet werden.[10]

b) Ödland

Vielfältig gestalten sich die gesetzlichen Regelungen im Ödland oberhalb der Baumgrenze. Das Einrichten von Kletterrouten stützt sich hier auf die Wegefreiheit, die für die Bundesländer Kärnten, Steiermark und Salzburg explizit in jeweiligen Landesgesetzen geregelt werden. In der Steiermark ist das „Ödland oberhalb der Baumgrenze mit Ausnahme der anders als durch Weideland wirtschaftlich genutzten Gebiete (Almen) für den Touristenverkehr frei und von jedermann betretbar".[11] Ähnliche Regelungen bestehen in Kärnten durch § 5 LGBl. 1923/18. In Salzburg ist das „Ödland, welches in Verbauung und Kultivierung gezogen wurde" vom allgemeinen Betretungsrecht ausgenommen.[12] In Oberösterreich ist das Ödland oberhalb der Baumgrenze und das Rinderweidegebiet, soweit es nicht in Verbauung oder Kollidierung gezogen ist, für den Touristenverkehr frei.[13]) In Vorarlberg gewähren die §§ 24 und 25 des Vorarlb. StraßenG das Recht, Ödland zu betreten und für den Touristenverkehr zu nutzen. Unter Touristenverkehr sind dabei auch die beim Bergsteigen üblichen Handlungen zu subsumieren.[14] Daher ist auch das Eröffnen von Kletterrouten ebenso von der freien Betretbarkeit umfasst wie das damit notwendigerweise verbundene Setzen von Sicherungseinrichtungen wie Bohr-, Klebe- und Schlaghaken.

Keine expliziten Regelungen bestehen für Tirol und Niederösterreich, wobei hier Gewohnheitsrecht zur Anwendung kommt, da der Klettersport seit Generationen betrieben wird und daher eine länger dauernde, gleichmäßige Übung vorliegt, die zugleich Ausdruck einer allgemeinen Rechtsüberzeugung ist. Eine andere Ansicht vertritt Malaniuk, der für das Betreten des Tiroler Berglandes eine stillschweigende Zustimmung des Grundeigentümers gem. § 863 Abs. 2 ABGB voraussetzt.

10 Ausführlich dazu: Wolfgang Stock, „Beschränkung der Wegefreiheit durch Jagd- und Forstrechte" in Hinteregger, „Trendsportarten und Wegefreiheit", 69–122.

11 LGBl. 1922/107.

12 LGBl. 1970/31 über die Wegefreiheit im Bergland.

13 LGBl. 1989/81 idF LGBl. 2003/212.

14 Hinteregger, „Trendsportarten und Wegefreiheit", 61.

Diese Ansicht steht weder mit den realen Gegebenheiten im Einklang, noch deckt sie sich mit der Rechtsauffassung des Landes Tirol, die das Betreten des Waldes bereits vor 1952 als Gewohnheitsrecht wertete.[15]

Zusammengefasst kann daher das Felsklettern im Ödland oder im Wald von Grundeigentümern, Pächtern, Jagdberechtigten und Agrargemeinschaften mit privatrechtlichen Mitteln nicht untersagt werden. Vom Klettern mitumfasst ist auch das Anbringen von Sicherungsmitteln wie Klemmkeilen oder das dem Stand der Technik entsprechende Anbringen von Bohr- und Klebehaken.[16]

Das Betreten von Wald und Ödland sowie das Errichten von Kletterrouten ist – mit Ausnahmen – auch ohne Einwilligung des Grundeigentümers möglich.
Das Einbringen von Bohrhaken in einzelne Routen bedarf i.d.R. nicht der Zustimmung des Waldeigentümers, sondern ist vom Legalservitut des § 33 Abs. 1 ForstG gedeckt.

2. Klettergärten

a) Vorbemerkung

Sind Klettergärten Sportstätten? Dieser Frage wurde wohl beim Einrichten eines Klettergartens bislang kaum Beachtung geschenkt, dabei wäre eine Bejahung dieser Frage mit weitreichenden Konsequenzen verbunden. Neben strengeren Haftungsbestimmungen nach dem Ingerenzprinzip und weitergehenden Wartungspflichten als etwa bei Klettersteigen, ergäbe sich nach einzelnen landesgesetzlichen Bestimmungen eine Bewilligungspflicht sowohl bei der Errichtung als auch bei der Auflassung der Sportstätte.[17]

Unseres Erachtens fallen Klettergärten – mit Ausnahmefällen, etwa bei umfassenden infrastrukturellen Maßnahmen – nicht unter den Begriff der Sportstätte. Einzelne Landesgesetze normieren Sportstätten als An-

---

15 Malaniuk, Bergsportrecht², 95; VfSlg 10292.

16 Hinteregger, „Felsklettern und Grundeigentum“, Zeitschrift für Verwaltung, 2000, Seiten 110–122.

17 Salzburger Landessportgesetz, LGBl. 1987/98, Wiener Sportstättenschutzgesetz, LGBl. 2001/118, Oberösterreichisches Sportgesetz, LGBl. 1997/93, zuletzt geändert durch LGBl. 2002/84, Steiermärkisches Sportstättenschutzgesetz 1991, LGBl. Nr. 11

lagen zur Ausübung des körperlichen Sports auf Freiflächen mit einer Mindestgröße (300 bzw. 500 m²) oder knüpfen auch die Regelgebundenheit des Sports an die Definition als Sportstätte.[18]) Diese Definitionen sind auf Klettergärten nicht ohne weiteres umzulegen.

Klettergärten dienen zweifelsohne der sportlichen Betätigung, die Ausmaße eines Klettergartens werden auch in den meisten Fällen Flächen von zumindest 500 m² überschreiten. Dennoch versteht man bereits umgangssprachlich unter einer Sportstätte ein künstliches Gebilde oder ein künstlich aufgeschlossenes Gelände. Im Gegensatz zu anderen Sportstätten, zum Beispiel Fußballfeldern, erfolgt beim Klettergarten weder eine Umgestaltung des Geländes noch die Errichtung von Bauwerken. Ganz im Gegenteil werden zum Klettern von sich aus geeignete und bestehende Felswände lediglich abgesichert. Bestehendes Gelände wird also in geringem Ausmaß durch das Einbringen von Sicherungen und Umlenkungen zu Sicherungszwecken adaptiert. Der Besucherkreis bei Klettergärten ist nicht begrenzt und kann aufgrund der örtlichen Situierung auch in den meisten Fällen nicht beschränkt werden. Räumliche Absperrungen der Umgebung eines Klettergartens, die die Benützung regeln würden (sofern solche überhaupt möglich wären) sind ausgesprochen unüblich und stünden – was die Betretung des einzelnen Kletterportlers betrifft – auch dem § 33 ForstG entgegen (siehe dazu unten). Ein Großteil der Klettergärten liegt in Waldgebieten oder im Ödland und sind daher (aus Sicht der Raumordnung) als land- und forstwirtschaftlich genutztes Gebiet oder Wald gewidmet, nicht jedoch in den Raumordnungsplänen als entsprechende Sonderflächen ausgewiesen. In Klettergärten findet – wiederum von Ausnahmen abgesehen – kein geregelter Sportbetrieb statt. Es bestehen keine Öffnungs- und Zugangszeiten und kein Reglement.

Beispiel

Ein künstliches Gerüst, das im Winter zum Eisklettern vereist wird, ist eine Sportstätte, da es ausschließlich zur Sportausübung gewidmet ist, bewusst für diesen Zweck angelegt wurde und bestimmte Zeit bestehen soll. Demgegenüber stellt ein gefrorener Wasserfall, auch für den Fall dass Eisschrauben eingebracht (und allenfalls für eine Wiederholung der Route belassen) werden, keine Sportstätte dar.

18 a.a.O.

b) Betretung und Errichtung

Die Betretungsrechte im Sinne der oben angeführten landesgesetzlichen Bestimmungen, des Gewohnheitsrechts und des Forstgesetzes ermöglichen das freie Betreten zu Erholungszwecken. Nicht umfasst von diesem Recht sind kommerzielle Nutzungen oder etwa die professionelle Aufbereitung einer Felswand durch das Einrichten einer Vielzahl von Routen.

Die Einrichtung eines Klettergartens fällt daher nicht unter die allgemeinen Betretungsrechte bzw. § 33 ForstG, sondern bedarf vielmehr der Zustimmung des jeweiligen Grundeigentümers. Unerheblich ist dabei, ob die Routen des Klettergartens binnen kurzer Zeit oder laufend eingerichtet wurden. Das OLG Linz legt in seiner Entscheidung vom 24.1.2006 dar, dass die Einrichtung von 44 Kletterrouten in einer Wand eine Verletzung des Eigentumsrechts darstellt und vom Legalservitut des § 33 ForstG, den Wald zu Erholungszwecken zu betreten und sich dort aufzuhalten, nicht mehr umfasst ist. Die Aufbereitung der Felswand, die Publikation in einem Kletterführer und im Internet führe auch zu einer stärkeren Inanspruchnahme durch andere Kletterer. Der Rückbau der Kletterrouten wurde angeordnet.[19]

Der Gesetzgeber trachtete mit § 33 ForstG einerseits der Erholungsfunktion des Waldes Geltung zu verschaffen, dies andererseits aber nur bei einer möglichst geringen Beeinträchtigung des Eigentumsrechts.

Voraussetzung für die Einrichtung eines Klettergartens ist daher die Zustimmung des Liegenschaftseigentümers. Das ForstG verlangt hierbei für die Zustimmung eine positive Willenserklärung; dass ein Waldeigentümer die unzulässige Nutzung duldet, reicht nicht aus um dessen Zustimmung anzunehmen.[20]

Weitere Beschränkungen ergeben sich aus naturschutzrechtlichen Bestimmungen und diversen Nationalparkgesetzen. Für die einzelnen Nationalparks wie den Nationalpark Nockberge, den Nationalpark Oberösterreichische Kalkalpen, den Kärntner Teil des Nationalparks Hohe Tauern und den Salzburger und Tiroler Teil des Nationalparks Hohe Tauern etc. bestehen dabei unterschiedliche Regelungen, die teilweise für die Errichtung alpiner Steige und Sicherungseinrichtungen eine Bewilligungspflicht vorsehen (so etwa § 6 Abs. 5 lit. e des Ktn. National-

[19] OLG Linz, 4 R 185/05m.

[20] Kalss, Forstrecht – Walderhaltung und Umweltschutz, 134.

parkG, LGBl. 1983/55). Teilweise sind das Einrichten alpiner Steige und Sicherungseinrichtungen nicht an Bewilligungspflichten gebunden, sofern die Maßnahmen den Managementplänen zur Besucherlenkung entsprechen (so etwa § 3 Abs. 3 lit. a Sbg. NationalparkG, LGBl. 1983/106 und § 8 Abs. 2 lit. f Tir. NationalparkG Hohe Tauern, LGBl. 1991/103).[21]

c) Materialien und Standards

Liegen die erforderlichen Zustimmungen und Genehmigungen vor, stellt sich die Frage nach der Ausgestaltung des Klettergartens und den zu verwendenden Materialien sowohl bei der Errichtung als auch bei der Sanierung. Wünschenswert wären hier einheitliche Vorgangsweisen, dies insbesondere im Interesse der Errichter und Erhalter, um Haftungen hintanzuhalten. Anders als bei der Errichtung von Kletterwänden im Indoor-Bereich bestehen für das Errichten und Erhalten von Klettergärten keine expliziten Normen, dies mit Ausnahme technischer Normen etwa für die Materialbeschaffenheit und Ausgestaltung von Bohrhaken *(EN 959)*. Die nachstehenden Empfehlungen resultieren aus umfangreichen Erhebungen und Gesprächen der Verantwortlichen des Projektes „Climbers Paradise“ einerseits und Bergführern, Bergrettung Tirol und Technikern andererseits. Sie orientieren sich am aktuellen Stand der Technik und beinhalten auch „Sicherheitsreserven“, um für die Zukunft gerüstet zu sein. Der Sicherheitsmaßstab ist zweifelsohne hoch gegriffen, soll aber einerseits eine Reserve für die Zukunft bieten und auch der gesteigerten Besucherfrequenz bei neu eingerichteten oder sanierten Klettergärten und der damit einhergehenden höheren Materialbelastung Rechnung tragen. Der teilweise vertretenen Ansicht, Bohrhaken mit 10 mm Durchmesser seien völlig ausreichend, ist entgegenzuhalten, dass die Verwendung stärkeren Materials eine zusätzliche Sicherheitsreserve mit sich bringt, finanziell kaum einen Unterschied bedeutet und insbesondere bei viel begangenen Klettergärten aufgrund der wesentlich höheren Anzahl der verkraftbaren Normstürze letzten Endes auch eine notwendige Sanierung nach hinten verschieben kann. Mögen aus haftungsrechtlicher Sicht geringere Standards zwar derzeit noch ausreichen, gilt es doch, nicht am aktuellen Stand stehen zu bleiben, sondern auch der steigenden Inanspruchnahme und sich ändernden Haftungsmaßstäben Rechnung zu tragen.

---

[21] Ausführlich dazu: Hinteregger, „Trendsportarten und Wegefreiheit“, 53–55.

d) Empfehlungen für die Errichtung von Klettergärten[22]

- *Verwendung von Spreizankern M12 mit einer Mindesteinbohrtiefe von 90 mm.*
- *Mindesteinbohrtiefe bei Verbundankern ebenfalls 90 mm.*
- *Verwendung von Edelstahl in A4-Qualität für Anker, Ketten, Karabiner, Ringe und Schraubglieder.*
- *Umlenkungen durch zwei Fixpunkte mit einem vertikalen Abstand von 30 cm, verbunden mit einer Kette und versehen mit einem oder zwei Umlenkkarabinern.*
- *Standplätze mit zwei Fixpunkten, wobei der untere Fixpunkt zwischen Brust- und Augenhöhe angebracht wird, der obere gerade noch in Reichweite 30 cm darüber.*
- *Anbringen von zwei Ringen an den Standplätzen zum Abseilen.*
- *Vor allem in Anfängerrouten darf (bei richtigem Sichern) kein ground fall möglich sein.*
- *Einbohren nur durch qualifizierte Routensetzer, die einen einschlägigen Kurs besucht haben (etwa Basisseminare für Befestigungstechnik) und über eine einschlägige Ausbildung z.B. als Berg- und Schiführer verfügen.*
- *Begehung vor Beginn und Kontrolle nach der Umsetzung des Projektes.*

Für Bohrhaken besteht derzeit eine europäische Norm (EN 959), die für Bohrhaken korrosionsbeständiges Material in Form von Edelstahl (nicht verzinkt) vorsieht. Weiters muss die Verankerung des Bohrhakens vom Bohrlochgrund unabhängig sein, die axiale Zugfestigkeit muss über 1500 daN, die radiale Zugfestigkeit über 2.500 daN liegen. Die neue Norm wird auch eine Mindesteinbohrtiefe von 80 mm bei Verbundankern bzw. das Fünffache des Bohrlochdurchmessers für mechanische Bohrhakensysteme vorsehen.

Detaillierte Empfehlungen für den Bau von Klettersteigen und Drahtseilversicherungen hinsichtlich Planung, Routenführung, Materialien und abschließenden Arbeiten wurden im Jahr 2008 auch vom Deut-

22 Mit freundlicher Genehmigung von Michael Gabl, Climbers Paradise; Richtlinien erstellt in Zusammenarbeit mit der Bergrettung Tirol.

schen Alpenverein und dem Kuratorium für alpine Sicherheit erstellt.[23]

Das Land Tirol arbeitet derzeit in Zusammenarbeit mit dem OEAV und dem Kuratorium für alpine Sicherheit an einem Handbuch für die Errichtung und Erhaltung von Klettergärten und Klettersteigen.. Dieses Handbuch wird Ende des Jahres 2009 zur Verfügung stehen.

> *Das Errichten von Klettergärten bedarf der Zustimmung des Grundeigentümers und behördlicher Bewilligungen.*
> *Klettergärten sind Wege i.S.d. § 1319a ABGB.*

3. Klettersteige

a) Errichtung

Ebenso wie die Errichtung eines Klettergartens bedeutet auch die Errichtung eines Klettersteiges einen erheblichen Eingriff in die Natur und das Eigentumsrecht Dritter, sodass die Errichtung eines Klettersteiges weder auf Gewohnheitsrecht, landesgesetzliche Regelungen betreffend der Wegefreiheit oder das Realservitut des § 33 ForstG gestützt werden kann.

Grundvoraussetzung für die Errichtung eines Klettersteiges ist daher zuerst einmal die Zustimmung des Grundeigentümers und eventuell vorhandener Nutzungsberechtigter. Auch jagdrechtliche Interessen sind zu berücksichtigen und die Stellungnahme des Jagdberechtigten für zu erwartende Eingriffe ist einzuholen bzw. ist abzuklären, ob durch die Errichtung Wildschutz- oder Ruhegebiete tangiert werden. Darüber hinaus unterliegt die Errichtung eines Klettersteiges verschiedenen Bewilligungspflichten. Die Naturschutzgesetze der Länder sehen eine ausdrückliche Bewilligungspflicht für die Errichtung von Klettersteigen vor.[24] Bei der Einholung der naturschutzrechtlichen Bewilligungen ist der Routenverlauf darzulegen, das öffentliche Interesse an der Errichtung zu bescheinigen und die zu erwartenden Eingriffe in die Natur offenzulegen. Dabei ist nicht nur auf den Klettersteig an sich Bedacht zu nehmen, sondern auch auf die Zufahrts- und Parkmöglichkeiten, die

---

23 Verfasst von Chris Semmel und Florian Hellberg, DAV Sicherheitsforschung.

24 So etwa § 6 Tir. Naturschutzgesetz 2005.

allenfalls neu geschaffen werden müssen.[25] Eine Umweltverträglichkeitsprüfung wird im Normalfall allerdings nicht erforderlich sein. Bewilligungspflichten ergeben sich weiters aus diversen Nationalparkgesetzen, da Klettersteige als Sicherungseinrichtungen i.S.d. Bestimmungen zu werten sind.[26]

Zu bedenken ist weiters, dass sich zahlreiche Klettersteige oder zumindest die einzurichtenden Zustiege in Waldgebieten befinden. Das Bilden neuer Wege im Wald wird aber durch § 174 Abs. 3 ForstG verwaltungsstrafrechtlich sanktioniert, sodass auch diesbezüglich die entsprechenden Genehmigungen einzuholen sind.

Für die Errichtung eines Klettersteiges bestehen bislang (mit Ausnahme der EN 959 für Bohrhaken) – anders als bei Kletterwänden – noch keine Normen, wohl aber gibt es Empfehlungen, die als „massiv-robuste" Bauart bezeichnet werden und für Fixpunkte 30–40 cm lange, einzementierte, flachgeschmiedete Stahlanker mit einem Durchmesser von 30 mm, 14 mm starke Trittanker in U-Form mit 20 cm Länge und ein 14 mm Durchmesser aufweisendes, groblitziges und straff gespanntes Stahlseil vorsehen.[27] Auf die Empfehlungen für die Errichtung von Kletterstellen (oben) wird an dieser Stelle verwiesen.

Einen neuen Weg betreffend der Errichtung und Wartung von Klettersteigen und Klettergärten beschreitet hier das unten vorgestellte Projekt „Climbers Paradise" (www.climbers-paradise.com) des Vereins Regionalmanagement Bezirk Imst.

b) Benützung

Klettersteige werden beinahe ausschließlich durch alpine Vereine, Gemeinden oder Tourismuseinrichtungen errichtet. Bereits daraus ergibt sich ein Benützungsrecht für die Allgemeinheit. Darüber hinaus dienen Klettersteige aber auch dem „Verkehr von Fußgängern" und werden – anders als Kletterrouten – nicht ausschließlich zu sportlichen Zwecken begangen, sondern ermöglichen das Durchschreiten einer Felswand, das Erreichen eines Gipfels oder landschaftlich sehenswerter Punkte.

---

25 An dieser Stelle gilt mein Dank Andreas Bstieler, OEAV-Sektion Hohe Munde für die informativen Gespräche!

26 So beispielsweise § 9 Abs. 3 Zl. 6 OÖ Nationalparkgesetz, LGBl. 1997/20.

27 „Im Blickpunkt", Mitgliederzeitung des OEAV, Sektion Obergailtal – Lesachtal, Winter 2007/08, Seite 32.

Der Unterschied ist deshalb von Bedeutung, da Klettersteige damit dem Straßenbegriff der Landesstraßengesetze unterliegen. Sämtliche Landesstraßengesetze fassen den Begriff „Straße“ sehr weit, in dem allgemein von Grundflächen oder Anlagen gesprochen wird, die dem Verkehr von Fußgängern, Fahrzeugen oder Tieren dienen.[28] Aus der Unterordnung unter den Straßenbegriff ergibt sich in weiterer Folge aber auch, dass Klettersteige dem Gemeingebrauch unterliegen.[29] Für die Unterstellung unter den Straßenbegriff spricht weiters, dass Klettersteige zweifellos „Wege“ i.S.d. schadenersatzrechtlichen Bestimmung des § 1319a ABGB sind.[30] Auch weisen Klettersteige zumindest eine räumliche Mindestgestaltung auf, die die Unterstellung unter den Begriff „Weg“ jedenfalls rechtfertigt.[31]

Das Errichten von Klettersteigen bedarf nicht nur der Zustimmung des Grundeigentümers, sondern auch zahlreicher behördlicher Bewilligungen. Mindeststandards in der Ausführung werden empfohlen.
Es besteht fast ausnahmslos ein allgemeines Betretungs- bzw. Benützungsrecht.
Klettersteige sind Wege i.s.d. § 1319a ABGB

4. Kletterhallen

Die ÖNORM EN 12572 legt die Anforderungen und das Prüfverfahren für die Sicherheit und Stabilität von künstlichen Kletterwänden fest.

Die Norm besteht aus drei Teilen:

Teil 1: Sicherheitstechnische Anforderungen und Prüfverfahren für künstliche Kletteranlagen (genannt KKA) mit Sicherungspunkten.

Diese europäische Norm gilt für den üblichen Gebrauch der KKA im Bereich des Sportkletterns. Sie gilt nicht für Eisklettern, „Drytooling“ (Eisklettern an künstlichen Wänden) und Spielplatzgeräte.

28 Hinteregger, „Trendsportarten und Wegefreiheit“, 59

29 A.a.O.

30 JBl 1988,41.

31 Dazu auch: Pirker, ZVR 1991, 208 ff.

Teil 2: Sicherheitstechnische Anforderungen und Prüfverfahren für Boulderwände.

In Teil 2 werden die sicherheitstechnischen Anforderungen und Prüfverfahren von Boulderwänden einschließlich der Sicherheitszone festgelegt.

Diese europäische Norm gilt für den üblichen Gebrauch der KKA im Bereich des Sportkletterns. Sie gilt nicht für Eisklettern, „Drytooling“ (Eisklettern an künstlichen Wänden) und Spielplatzgeräte.

Teil 3: Sicherheitstechnische Anforderungen und Prüfverfahren für Klettergriffe.

In Teil 3 werden die sicherheitstechnischen Anforderungen und Prüfverfahren für Klettergriffe festgelegt.

Er gilt für Griffe, die für das natürliche Vorankommen von Kletterern, d.h. ohne den Gebrauch künstlicher Mittel (z.B. Eispickel, Steigeisen, Haken, Sicherungsmuttern) an künstlichen Kletteranlagen (KKA) und Boulderwänden verwendet werden.

Exkurs: Projekt „Climbers Paradise“

Das Projekt Climbers Paradise entstand unter Federführung des Vereins Regionalmanagement Bezirk Imst und umfasst derzeit die Tiroler Bezirke Imst, Landeck und Außerfern sowie Tirol-Mitte und Osttirol. Es bestehen Kooperationen mit Touristikern, der Tirol Werbung, Gemeinden, Bergführern und dem Bergrettungsdienst. Das Projekt erfasst bestehende Kletterhallen, Klettergärten, Klettersteige und Kletterrouten, richtet zu diesem Zweck eine zentrale Koordinationsstelle ein, kontrolliert den laufenden Zustand der Routen und legt Mindeststandards für die Errichtung und Erhaltung der Projekte fest. Neben der Erfassung des Ist- Zustandes wird der Soll-Zustand erhoben und entschieden, ob Sanierungen erforderlich sind.[32]

Auch das Rettungswesen fand Berücksichtigung und ermöglicht beispielsweise einen Austausch von Informationen mit der Rettungsleitstelle (ILL). Durch das Konzept entstehen einheitliche Sicherheitsstandards, die Errichtungs- und Erhaltungsmaßnahmen finden unter Einhaltung von Standards koordiniert durch qualifizierte Personen statt.

---

32 Peter Thaler, „Bergretter“, Mitgliedermagazin der Bergrettung Tirol, Okt. 2008, 3 ff.

Ein weiterer Punkt des Konzeptes umfasst die Verpflichtung der Vertragspartner zur digitalen Information über die Plattform www.climbers-paradise.com. Diese umfasst lokale Situationen wie Zufahrtsmöglichkeiten, Topos, GPS-Daten und Sicherheitstipps. Auch ein Informationssystem wurde eingerichtet, das dem Projektleiter allfällige Schäden zur Kenntnis bringt, sodass schnell Reparaturen oder Sperren veranlasst werden können.

Dem Projekt kommt auch in haftungsrechtlicher Sicht Bedeutung zu, da Errichtung und Wartung an einheitliche Voraussetzungen gebunden werden, was beispielsweise zu einer eklatanten Verbesserung der Beweislage im Falle eines Unfalls führt. Dies ist vor allem für den Errichter, Betreiber oder Erhalter von immanenter Bedeutung.

C. Wartungspflicht und Routensanierung

„Am Schneeklammkopf im Hochkönig-Gebiet wählten zwei Kletterer bei Eintritt der Dunkelheit keinen Standplatz, sondern einen eingeklebten Zwischenhaken (sog. „Sigibolt“) als Abseilstelle. Dieser Haken wurde von einer Privatperson nach bestem Wissen und Gewissen selbst hergestellt und einzementiert. Während dem Ersten das Abseilen ohne Probleme gelang, riss beim Zweiten der Haken aus dem Bohrloch, noch bevor dieser mit dem Abseilen begonnen hatte. Der Karabiner der Selbstsicherungsschlinge war noch im Bohrhaken eingehängt, als dieser – offensichtlich durch eine axiale Belastung – ausbrach. Der Kletterer erlitt beim Absturz tödliche Verletzungen.“

Plaisir-Klettern gewinnt immer mehr an Bedeutung. Kletterer erwarten sich nicht selten perfekt abgesicherte und nach dem neuesten Stand der Technik gewartete und restaurierte Routen. Übersehen wird dabei häufig, dass Kletterrouten – anders als eingerichtete Klettergärten und Klettersteige – nicht gewartet werden und vom Errichter der Besitz aufgegeben wurde. In bestimmten Bereichen wurden in der Vergangenheit Routensanierungen nicht gewünscht bzw. sogar mutwillig wieder zerstört, um die Routen „nicht zu einfach zu machen“. Routensanierungen werden in der Regel uneigennützig von alpinen Vereinen, der Bergrettung, Tourismusverbänden oder ambitionierten Kletterern veranlasst. Müssen die Sanierer von Routen nun etwa befürchten, zu Haftungen herangezogen zu werden, wenn die Sanierung nicht dem Stand der Technik entspricht, etwa neuere Materialien verfügbar wären, und würde dies nicht schlagartig dazu führen, dass Routen nicht mehr saniert werden?

Wen trifft nun eine Wartungspflicht? Wie oft muss gewartet und kontrolliert werden und gibt es Normen, die zu beachten sind? Müssen Aufzeichnungen über die Wartung geführt werden? (Zu den haftungsrechtlichen Aspekten siehe Punkt VI unten.)

Auch hier ist wieder zwischen gewachsenen und eingerichteten Klettergärten bzw. Klettersteigen und Kletterrouten zu unterscheiden.

1. Klettersteige und eingerichtete Klettergärten

Klettersteige und eingerichtete Klettergärten sind Wege i.S.d. § 1319a Abs. 2 ABGB. Nach dieser Bestimmung haftet derjenige für den Ersatz des Schadens, der für den ordnungsgemäßen Zustand als Halter verantwortlich ist, sofern er oder seine Leute den Mangel vorsätzlich oder grob fahrlässig verschuldet haben.

Den Halter eines Klettersteiges oder eines eingerichteten Klettergartens treffen daher auch Kontroll- und Wartungspflichten. Diese Kontroll- und Wartungspflichten können dabei auch an Dritte ausgelagert werden, was häufig bei Klettergärten, die von Gemeinden oder Tourismuseinrichtungen errichtet werden, vorkommt. Hier werden die entsprechenden Verpflichtungen in der Regel an alpine Vereine oder Bergrettungsortsstellen ausgelagert.

Die höchstrichterliche Rechtssprechung verlangt die Überprüfung des Zustandes des Weges (hier also des Klettersteiges oder des eingerichteten Klettergartens) *zumindest einmal jährlich.*[33] Ergibt diese Überprüfung erhebliche Mängel, so ist darauf entsprechend zu reagieren, indem die Schäden zu beseitigen sind oder der Weg zu sperren ist. Ist die jährliche Kontrolle z.B. witterungsbedingt nicht möglich, ist dies entsprechend – etwa durch Anbringung einer Warntafel – kenntlich zu machen. Wesentlich ist dabei, dass die Überprüfung oder Instandsetzung der Sicherung nicht zumutbar war. Hätte die Überprüfung oder Instandsetzung dem Halter zugemutet werden können, reicht das Aufstellen einer Tafel, die vor den Gefahren warnt, keinesfalls aus. Das Anbringen eines Schildes „Nur für Geübte“, reicht nicht aus, um eine Haftung bei mangelhaften Kontrollen zu entgehen.[34]

---

[33] JBl 1988, 41

[34] Dittrich/Tades, ABGB, 35 Aufl., § 1319a ABGB, RZ 33c

Die Rechtssprechung verlangt zumindest eine Kontrolle bzw. Begehung pro Jahr, dies ist allerdings als Mindesterfordernis anzusehen. Werden Klettersteige oder Klettergärten besonders stark frequentiert, reicht eine Kontrolle pro Jahr nicht aus, sondern sind entsprechend häufigere Kontrollen erforderlich. Nichts anderes kann gelten, wenn Sicherungseinrichtungen durch Unwetter, Felsstürze oder Blitzschlag zerstört wurden. In einem solchen Fall bedarf es sofortigen Handelns und ist der Klettersteig oder der Klettergarten deutlich erkennbar zu sperren.[35] Auch hier ist festzuhalten, dass der Halter zur Beseitigung der Schäden verpflichtet ist, wenn ihm dies wirtschaftlich zugemutet werden kann.[36]

Empfehlenswert ist es auch, über die Begehungen und Kontrollen Aufzeichnungen zu führen, um die Begehungen, Kontrollen und durchgeführten Maßnahmen bei Bedarf belegen zu können.

Empfehlungen für die Sanierung

Bei der Sanierung sollten zudem ausschließlich solche Materialien verwendet werden, die dem aktuellen Stand der Technik entsprechen. Naturgemäß können im Fels nicht ohne weiteres jene Sicherungsabstände eingerichtet werden, wie sie etwa die Normen für Kletterhallen vorgeben. Aber auch unter Berücksichtigung der natürlichen Gegebenheiten im Fels ist darauf Bedacht zu nehmen, dass ein „ground fall" nicht möglich ist.

Bei der laufenden Begehung sind Anker, Drahtseile und Tritthilfen insbesondere auf plastische Verformung oder Bruch, Risse und Beschädigungen durch Steinschlag oder Schneelasten zu prüfen.

Auf die obigen Ausführungen und Empfehlungen bei der Errichtung von Klettergärten bzw. Klettersteigen wird an dieser Stelle verwiesen. Ausdrücklich wird nochmals darauf hingewiesen, dass es sich hierbei um *Empfehlungen* handelt, denen derzeit *nicht der Charakter einer Verkehrsnorm* zukommt. Ob einer Empfehlung der Charakter einer Verkehrsnorm zukommt, ist für den Sanierer einer Route aber von immanenter Bedeutung.

35 Ermacora, „Wer haftet für Klettersteige und Klettergärten", Berg&Steigen 2/00

36 A.a.O.

Klettersteige und eingerichtete Klettergärten müssen laufend gewartet und kontrolliert werden. Kontrollen und Begehungen mindestens einmal jährlich, bei starker Inanspruchnahme oder witterungsbedingten Schäden auch öfter.
Die Aufzeichnung der Wartungen und Begehungen ist zu empfehlen.

2. Gewachsene Klettergärten

Wie bereits ausgeführt ist die Abgrenzung zwischen eingerichteten und gewachsenen Klettergärten nicht einfach zu treffen und jeweils im Einzelfall zu entscheiden. Der Unterscheidung kommt aber maßgebliche Bedeutung zu, da gewachsene Klettergärten keinen „Halter" i.S.d. § 1319a ABGB haben.

Eine Begehungs- oder Sanierungspflicht besteht bei *gewachsenen Klettergärten* mangels eines vorhandenen Halters nicht.

Im Gegensatz dazu weist ein eingerichteter Klettergarten im Normalfall nach der Errichtung eine laufende Wartung auf. Eine solche ist bei gewachsenen, wilden Klettergärten nicht gegeben, da es am entsprechenden „Halter" fehlt. Die jeweiligen Errichter der einzelnen Routen gaben den Besitz an den Routen auf, geklettert wird in Eigenverantwortung.

Gerade bei häufig frequentierten gewachsenen Klettergärten stellt sich aber im Laufe der Zeit zwangsläufig die Frage einer Sanierung. Alpine Vereine zeigen dabei großes Engagement und sanieren diese „wilden" Klettergärten auf eigene Kosten oder bieten logistische und finanzielle Unterstützung bei der Sanierung an. Von Einzelfällen abgesehen erfolgen diese Sanierungen durch alpine Vereine nicht zu kommerziellen Zwecken, sondern uneigennützig und aus dem Bedürfnis heraus, ein höheres Maß an Sicherheit zu bieten und Alpinunfälle zu vermeiden bzw. das ohnehin mit dem Klettersport verbundene Risiko zu minimieren.

Wie wirkt sich eine Sanierung auf die Haltereigenschaft aus und entstehen durch die Sanierung weitere Verpflichtungen wie etwa die einer laufenden Kontrolle und Begehung?

Kocholl[37] vertritt die Ansicht, dass gewachsene Klettergärten nach einer umfassenden Sanierung zu „eingerichteten" Klettergärten werden.

[37] Dominik Kocholl, Forschungsstelle für Bergsportrecht der Rechtswissenschaftlichen Fakultät der Universität Innsbruck

Tatsächlich ist eine sachliche Differenzierung nach einer kompletten Sanierung eines gewachsenen Klettergartens zu einem eingerichteten Klettergarten nicht mehr zu argumentieren, sodass nach einer vollständigen Sanierung eines gewachsenen Klettergartens davon auszugehen sein wird, dass ein solcher unter die Definition des Weges i.S.d. § 1319a ABGB fällt und der Sanierer als Halter zu betrachten ist. § 1319a ABGB stellt nicht darauf ab, ob sich jemand selbst als Halter eines Weges betrachtet oder die tatsächliche und finanzielle Verfügungsmacht auch aufrechterhalten will. Vielmehr ergibt sich aus dem Umstand der vorhandenen tatsächlichen und finanziellen Verfügungsmacht die Haltereigenschaft per se, sodass *nach der Sanierung* eines gewachsenen Klettergartens *auch die Wartungs- und Kontrollpflichten* grundsätzlich zu bejahen sein werden.

Reduzierter Sorgfaltsmaßstab

Dennoch kann unseres Erachtens ein restaurierter gewachsener Klettergarten einem eingerichteten Klettergarten dann nicht vollständig gleichgesetzt werden, wenn etwa ein alpiner Verein wie der OEAV eine Vielzahl von Routen saniert. Differenzierungen werden insbesondere hinsichtlich des zu verlangenden Sorgfaltsmaßstabes anzuwenden sein. Hält man sich die exorbitante Zahl von gewachsenen Klettergärten vor Augen, wird eine jährliche Kontrolle sämtlicher Routen eines sanierten Klettergartens schon aus faktischen Gründen unmöglich sein. In diesem Zusammenhang ist ausdrücklich darauf hinzuweisen, dass die Sanierung in aller Regel (insbesondere bei Sanierung durch alpine Vereine) „interessensneutral" erfolgt, die sanierten Klettergärten unentgeltlich und ohne wirtschaftliches Eigeninteresse zur Verfügung gestellt werden.

Dass die „Interessensneutralität" zu einer Abstufung der Verkehrssicherungspflicht eines Wegehalters führt, ist rechtlich unumstritten.[38] Daran ändert auch nichts, dass die Sanierung publiziert wird. Das Veröffentlichen von Sanierungsmaßnahmen ist ebenso wie das Veröffentlichen von erstmals begangenen Kletterrouten üblich und aus der Kletterszene nicht wegzudenken.

[38] Univ.-Prof. Dr. h.c. Franz Bydlinski, „Verkehrssicherungspflichten des Wegehalters im Bergland" in ZVR 1998, 326

Die Benützer von Klettergärten setzen sich den alpinen Gefahren und den Gefahren, die der Klettersport allgemein mit sich bringt, bewusst aus. Auch dieser Umstand ist bei der Prüfung des Sorgfaltsmaßstabes zu berücksichtigen.

Hinsichtlich des bei einer Sanierung verwendeten Materials ist grundsätzlich davon auszugehen, dass nur Materialen, die dem Stand der Technik entsprechen, Anwendung finden dürfen. Auf die obigen Empfehlungen wird an dieser Stelle verwiesen.

Zu empfehlen wäre bei der Sanierung eines gewachsenen Klettergartens die Anbringung einer Tafel, wann die Sanierung erfolgte.

Damit ist für den einzelnen Kletterer wesentlich leichter erkennbar, inwieweit mit lockeren Haken oder Sicherungen zu rechnen ist. Dass sich ein Kletterer nicht ohne eigene Kontrolle darauf verlässt, dass ein Haken oder eine Sicherung hält, sollte nicht einmal erwähnt werden müssen.

Zu den Verkehrssicherungspflichten, Sorgfaltsmaßstäben und dem Haftungsprivileg des Wegehalters siehe Punkt VI. unten.

Vollständig sanierte gewachsene Klettergärten sind als „Wege" i.S.d. § 1319a ABGB zu betrachten.
Bei Interessensneutralität ist ein geringerer Sorgfaltsmaßstab anzunehmen.
Grundsätzlich bestehen Wartungs- und Begehungspflichten, zu prüfen ist jedoch, ob eine solche aufgrund der großen Zahl sanierter Klettergärten faktisch überhaupt möglich und zumutbar ist.
Die Aufzeichnung der Wartungen und Begehungen ist zu empfehlen.

3. Kletterrouten

Kletterrouten sind keine Wege im Sinne des Gesetzes. Es fehlt ihnen an der entsprechenden räumlichen Ausgestaltung. Das Anbringen von Haken bringt bereits die Begehung an sich mit sich, unabhängig davon, ob diese Routen nachgeklettert werden oder nicht. Durch die Veröffentlichung der Kletterroute wird auch kein „Verkehr" eröffnet, die Publikation neuer Kletterrouten ist seit Jahrzehnten üblich.

Die Sanierung von Kletterrouten ist keineswegs unumstritten. Der alpine Charakter einzelner Routen kann verloren gehen, Routen können auch für Kletterer, die bis zu einer Erschließung oder Sanierung die

Route mangels klettertechnischem Können nicht durchsteigen konnten, begehbar werden.

Abzulehnen ist das exzessive Anbringen von Bohrhaken in Abständen, wie sie aus der Kletterhalle bekannt sind. Generell wird sich die Sanierung einer Route auch nach deren Schwierigkeit richten müssen. Leichte Touren, die auch von Kindern und Anfängern geklettert werden, sind dementsprechend besser abzusichern als schwierige Touren, bei denen die Begehung bereits entsprechendes Können und Erfahrung voraussetzt und bei denen bereits aufgrund der Steilheit der Sturzverlauf von jenen bei leichten Routen zu unterscheiden ist. Es muss letzten Endes auch nicht jede schwierige Tour jedermann zugänglich gemacht werden, sondern der Zweck der Sanierung liegt gerade darin, die Sicherungseinrichtungen auf aktuellen Stand zu bringen und nicht schwer begehbare Routen einem weiteren Personenkreis zu erschließen, wenngleich natürlich auch geübten Kletterern das Ausloten schwieriger Routen möglich sein soll.

Auch die Sanierung von Kletterrouten erfolgt fast ausschließlich durch alpine Vereine. Bei der Sanierung ist ebenso wie bei Klettergärten darauf zu achten, dass der Sanierer über entsprechende Erfahrung und Qualifikation nicht nur im Hinblick auf das verwendete Material, sondern auch hinsichtlich der Setzweise verfügt.

Interessant sind in diesem Zusammenhang die *„Ausreißversuche Sigibolts" der DAV-Sicherheitsforschung* im Juni 2007. Im Zuge der Tests wurden insgesamt 22 Sigibolts im Naturstein mit Würth VD Mörtel und Biber Rapid der Firma Avenarius Agro eingebracht. Die Setztiefe betrug 80 mm bei 10 mm Bohrdurchmesser. Zusammenfassend zeigte sich, dass die Festigkeiten bei den mit Glasmörtel gesetzten Haken stark zwischen 1,3 KN und 31,9 KN streute und nur drei Haken die von der Norm geforderte Festigkeit von 15 KN hielten. Die Festigkeit der mit Biber Rapid gesetzten Haken lag bei allen unter 7 KN.

Bei allen Haken, die eine sehr geringe Festigkeit aufwiesen, fand ein Strukturbruch im Mörtel statt, weshalb das Problem eher in der Setzweise als im Sigibolt an sich gesehen werden muss. Durch die Tests zeigte sich, dass ein zu kleiner Bohrlochdurchmesser zu einer unzureichenden Durchmischung der Komponenten der Glasmörtelpatrone führt. Durch den zu engen Randspalt um den Hakenschaft kann der Haken beim Eintreiben nicht gedreht werden und können sich die Komponenten nicht ausreichend vermischen. Bei der Verwendung von

Glasmörtel ist daher jedenfalls auf einen ausreichenden Bohrdurchmesser zu achten!

Der häufig verwendete Biber Rapid Mörtel weist keine ausreichende Festigkeit für Bohrhaken auf, alle getesteten Haken wiesen eine Bruchlast von unter 7 KN auf, 5 von 11 Haken hielten weniger als 3 KN.[39]

Es ist daher essenziell Sorgfalt bei Verwendung des Materials und insbesondere auch bei der Setzungsweise walten zu lassen! Auf obige Empfehlungen wird auch an dieser Stelle hingewiesen.

Eine regelmäßige Kontrolle einer sanierten Kletterroute ist unseres Erachtens weder vom Gesetzgeber gefordert noch – aufgrund der exorbitanten Anzahl von Kletterrouten – faktisch durchführbar. Ebenso wie bei der Einrichtung von Kletterrouten kann und darf ein Nachkletterer sich nicht blind darauf verlassen, dass die angebrachten Sicherungen ohne wenn und aber halten werden. Auch bei der Sanierung von Kletterrouten, insbesondere durch alpine Vereine, ist wiederum deren Interessensneutralität (siehe oben Punkt 2.) zu beachten.

Auch ist zu berücksichtigen, dass eine Sanierung keine neuen Routen eröffnet, wenngleich nach einer Sanierung allenfalls mehr Personen die Route begehen werden. Für diesen könnte theoretisch eine Haftung nach dem Ingerenzprinzip entstehen. Nach diesem Prinzip hat derjenige, der eine Gefahrenquelle schafft (hier die Begehung einer Route einem weiteren Personenkreis ermöglicht) dafür zu sorgen, dass durch diese Gefahrenquelle niemand zu Schaden kommt.

Eine Haftung nach dem Ingerenzprinzip wird aber schon deswegen ausscheiden, da keine Gefahrenquelle geschaffen, sondern vielmehr eine Gefahrenquelle beseitigt wird.

Eine sanierte Kletterroute wird kein Weg i.S.d. § 1319a ABGB. Wegehalterhaftung scheidet daher ebenso aus wie eine Haftung aus der Verkehrssicherungspflicht, da durch die Sanierung kein (weiterer) Verkehr eröffnet werden wird, wenngleich eine sanierte Route auch den einen oder anderen Kletterer mehr anziehen wird. Bei der Sanierung an sich ist allenfalls eine analoge Anwendung des § 1319a ABGB hinsichtlich des Haftungsprivilegs anzudenken.

---

39 Details bei: Florian Hellberg, Chris Semmel, DAV Sicherheitsforschung

Kletterrouten sind auch nach einer Sanierung keine Wege i.S.d. § 1319a ABGB.
Vorsicht bei der Verwendung von Sigibolts, insbes. bei der Verwendung des Klebers und Ausmaß des Bohrlochdurchmessers.
Unseres Erachtens keine Haftung nach dem Ingerenzprinzip bzw. aus Verkehrssicherungspflichten.
Laufende Wartung aufgrund der hohen Anzahl i.d.R. unzumutbar.

Geologische Gutachten

Aufgrund eines (nicht abgeschlossenen)[40] zivilrechtlichten Verfahrens beim Landesgericht Salzburg trat in jüngster Vergangenheit die Frage auf, ob bei Errichtung, Erhaltung und Sanierung von Klettersteigen und Klettergärten ein geologisches Gutachten einzuholen ist. Eine derartige Ansicht wird beispielsweise vom Amt der Tiroler Landesregierung, Gruppe Bau und Technik, vertreten, wonach *es zwingend notwendig sein soll,* dass Einreichprojekte auch einen Teil enthalten, der durch einen Fachmann für Geologie erarbeitet wurde.[41]

Dabei wird übersehen, dass alpine Gefahren wie Steinschlag und Felsausbruch geradezu typische alpine Gefahren darstellen, die dem Kletersportler bekannt und von diesem aufgrund der ihn treffenden Eigenverantwortung zu tragen sind. Die nunmehrige Forderung überspannt die den Errichter und Erhalter von Klettersteigen und Klettergärten treffenden Sorgfaltspflichten bei weitem. Weiters übersieht das Amt der Tiroler Landesregierung, dass Kletter*routen* keinen Halter aufweisen und der Besitz an der Kletterroute nach Durchsteigen aufgegeben wird.

Die Einholung geologischer Gutachten soll und muss auf jene Fälle beschränkt bleiben, bei denen ganz konkrete Anhaltspunkte für eine über das übliche Ausmaß hinausgehende Felsausbruch- oder Steinschlaggefahr besteht oder die eine (kaum vorkommende) Errichtung eines Klettergartens oder Klettersteiges in geologisch hochsensiblem Gebiet vorsehen.

---

40 LG Salzburg, 7 Cg 117/07b

41 Amt der Tiroler Landesregierung, Anforderungen an Einreichprojekte „Klettergärten – Klettersteige – Kletterrouten" VIa-LG-300/242 vom 3.4.2009

Eine andere Lösung würde zum paradoxen Ergebnis führen, dass die Errichtung und Erhaltung hochfrequentierter Straßenverbindungen, wie etwa der millionenfach befahrenen Brennerautobahn- und Bundesstraße unter (geologisch und verfahrenstechnisch) weniger strengen Voraussetzungen möglich wäre, als die Einrichtung eines Klettersteiges, da bei diversen Straßenerhaltungsarbeiten die Beiziehung eines Geologen nur bei entsprechender Indikation erfolgt.

Die erhobenen Forderungen erweisen sich gerade bei der laufenden Wartung auch als faktisch undurchführbar, wäre doch bei den jährlichen Begehungen stets ein geologischer Sachverständiger beizuziehen, da gerade nach dem Winter aufgrund des herrschenden Frostes Felsausbrüche drohen können. Dies ist ob der Zahl von Klettersteigen und Klettergärten sowie der begrenzten Zahl geologischer Sachverständiger weder finanzier- noch durchführbar und überspannt die den Errichter und Halter treffenden Schutz- und Sorgfaltpflichten bei weitem.

Übersehen wird weiters, dass Klettersteige- und gärten oft noch hunderte Meter oberhalb Felsgelände aufweisen, deren Begehung und Begutachtung schon faktisch nicht möglich ist.

Die vom Amt der Tiroler Landesregierung geforderten Maßnahmen stehen mit der Rechtsprechung des OGH im Zusammenhang mit dem Sorgfaltsmaßstab des Errichters und Halters eines Klettersteiges nicht im Einklang und vermitteln dem Klettersportler ein falsches Sicherheitsgefühl und erweisen sich als faktisch und finanziell undurchführbar. Gerade das Vermitteln eines falschen Sicherheitsgefühles *(„es droht kein Felsausbruch, es wurde ja begutachtet")* führt letztendlich zur ungewollten Haftungsverschärfung des Errichters und Halters.

In *Einzelfällen*, nämlich bei bekannter, die allgemeinen alpinen Gefahren *deutlich übersteigender* Felsbruch- oder Steinschlaggefahr wird die Einholung eines geologischen Gutachtens geboten und zumutbar sein. In allen anderen Fällen ist davon Abstand zu nehmen.

III. Rechtsmöglichkeiten des Grundeigentümers

Im August 2008 beschäftigte ein Streit rund um den Klettersteig auf der Sulzfluh bei Tschagguns die Medien[42] und die alpinen Vereine. Die Agrargemeinschaft Alpe Spora am Fuß der Sulzfluh fühlte sich durch einen im Jahr 2005 errichteten und behördlich bewilligten Klettersteig beeinträchtigt, da die Begeher des Klettersteiges die Viehweiden betreten würden. Die Agrargemeinschaft forderte € 3.000,– an „Wegezoll", ein Ansinnen, dem breite Ablehnung entgegenschlug. Fehler passierten bereits im Vorfeld, da man sich bei der Errichtung des Klettersteiges nicht mit der Agrargemeinschaft ins Einvernehmen setzte.[43]

Spannungsverhältnisse zwischen den Grundeigentümern, Nutzungs- und Jagdberechtigten und den Freizeitsportlern ziehen sich durch beinahe alle Sportarten, angefangen vom Mountainbiken im Wald bis zum Schitourengehen auf und abseits der Pisten sowie naturgemäß auch im Klettersport. Wie bereits oben angeführt beschränken Gemeingebrauch, das Legalservitut des § 33 Abs. 1 ForstG und landesgesetzliche Regelungen über die Wegefreiheit im Bergland die Eigentums- und Nutzungsrechte Dritter. Aber nicht jedes Maß an Beschränkung muss auch geduldet werden und Eigentümern und Nutzungsberechtigten stehen zahlreiche Möglichkeiten offen ihr Recht zu schützen.

A. Selbsthilfe

„Zu den Rechten des Besitzes gehört auch das Recht, sich in seinem Besitz zu schützen, und in dem Falle, dass die richterliche Hilfe zu spät kommen würde, Gewalt mit angemessener Gewalt abzutreiben (§ 19)" – so die gesetzliche Regelung des ABGB.[44]

Das Recht zur Selbsthilfe steht ausschließlich dann zu, wenn rechtliche Hilfe – etwa in Form einer Klage – zu spät kommen würde. Sie dient

42 So z.B. ORF.on.

43 A.a.O.

44 § 344 1. Satz ABGB.

der Abwehr eines unmittelbaren Angriffes auf das eigene Besitzrecht. Die Anwendung von Selbsthilfe ist nur ausnahmsweise und unter strengen Voraussetzungen zulässig. Die Wiederherstellung oder Erhaltung des rechtmäßigen Zustandes muss angemessen sein, d.h. sie darf nur mit den unmittelbar notwendigen Mitteln geschehen.[45] Überzogene Gewalt darf selbstverständlich nicht angewandt werden. Auch dürfen nur unmittelbare Eingriffe in den Besitz abgewendet werden, ist der Besitz einmal entzogen, scheidet Selbsthilfe aus.

Derjenige, der Selbsthilfe anwendet, muss beweisen, dass staatliche Hilfe zu spät gekommen wäre und dass er rechtmäßig und angemessen handelte. Unangemessen – und damit von zulässiger Selbsthilfe keinesfalls umfasst – wäre zum Beispiel das eigenmächtige Herausschlagen von Bohrhaken und anderen Sicherungseinrichtungen, da damit grundsätzlich eine Gefahr für Leben und körperliche Unversehrtheit einer anderen Person verbunden ist. Selbsthilfe scheidet selbstverständlich auch dann aus, wenn der vermeintliche „Störer" selbst über Besitzrechte – wie etwa Betretungsrechte – verfügt. Die Aufrechterhaltung eines durch Selbsthilfe geschaffenen Zustandes, ohne zugleich gegen den Störer gerichtliche Schritte einzuleiten, ist jedenfalls rechtswidrig.[46] Wer in unangemessener Art und Weise Selbsthilfe übt, wird selbst schadenersatzpflichtig.

Selbsthilfe ist nur in Ausnahmefällen zulässig.
Sie muss angemessen sein und dient nur der Abwehr unmittelbarer Eingriffe.
Rechtzeitige behördliche Hilfe darf nicht möglich sein.

B. Besitzstörungsklage

Die Besitzstörungsklage ist in § 339 ABGB geregelt. Ziel dieser Klage ist es, den letzten ruhigen Besitzstand zu schützen. Das Klagebegehren richtet sich daher auf die Feststellung der Störung, die Wiederherstellung des ursprünglichen Zustandes und die Untersagung weiterer Eingriffe.

45 MietSlg XXX/17.

46 EvBl 1987/131.

Schadenersatz kann mit der Besitzstörungsklage nicht erreicht werden.

Klageberechtigt sind der Eigentümer als sogenannter Sachbesitzer, sowie Pächter, Mieter, Jagd- und Weideberechtigte als Rechtsbesitzer. Auf das Eigentumsrecht kommt es nicht an, der Kläger muss nur seinen bisherigen Besitz und die Verletzung seines Besitzes durch den Beklagten beweisen.[47] Die Verhandlung beschränkt sich auf die Erörterung und den Beweis der Tatsache des letzten Besitzstandes und der erfolgten Störung. Erörterungen über das Recht zum Besitz, über Titel und Redlichkeit des Besitzes sind auszuschließen (§ 457 ZPO). Der Beklagte kann weder sein besseres Recht noch Unrechtmäßigkeit oder Unredlichkeit des Besitzes des Klägers einwenden.[48]

Beklagter kann nicht nur derjenige sein, der selbst eine Störungshandlung gesetzt hat, sondern auch derjenige, dem die Störung zugerechnet werden kann (z.B. demjenigen, der auf fremdem Grund ohne Zustimmung einen Klettersteig errichten lässt).

Der Beklagte kann gegen die Besitzstörungsklage nur vorbringen, dass er nicht in den Besitz des Klägers eingegriffen hat, dass sein Eingriff nicht eigenmächtig erfolgte, der Kläger ihm gegenüber unecht besitzt oder dieser die 30-tägige Frist zur Klagserhebung versäumt hat.

Die Klage muss innerhalb einer Frist von 30 Tagen ab Kenntnis der Störung und der Person des Störers erhoben werden und innerhalb dieser Frist bei Gericht eingelangt sein. In diese Frist ist der Tag der Kenntnis der Störung oder des Störers nicht einzurechnen, wohl aber die Tage des Postlaufes (also der Übermittlung der Klage an das Gericht). Bei der Frist handelt es sich um eine materielle Fallfrist, das heißt bei Versäumung dieser Frist ist schon aufgrund dieses Umstandes die Klage abzuweisen. Wird die Klage zu spät erhoben, unterliegt der Kläger also im Verfahren. Ihn trifft auch die Beweislast für die Einhaltung der Frist.

Der das Verfahren beendende Endbeschluss kann mittels Rekurs bekämpft werden. Ein Revisionsrekurs, durch den das Verfahren bis zum Obersten Gerichtshof ausgefochten werden könnte ist nicht möglich. Die Durchsetzung des Endbeschlusses erfolgt im Wege der Zwangsvollstreckung.

---

47 ZVR 2000, 110.

48 Gschnitzer, Österr. Sachenrecht, 2. Aufl., 25.

Das Besitzstörungsverfahren dient der Prüfung und Erhaltung des letzten ruhigen Besitzstandes. Das Klagebegehren richtet sich auf Feststellung der Störung, Wiederherstellung des ursprünglichen Zustandes und Unterlassung weiterer Störungen.
Frist zur Einbringung der Klage: 30 Tage ab Kenntnis der Störung und des Störers.

C. Eigentumsfreiheitsklage (actio negatoria, Unterlassungsklage)

Die Eigentumsfreiheitsklage – geregelt in § 523 Satz 2, 2. Fall ABGB – dient in erster Linie der Abwehr der Anmaßung eines Rechts oder einer behaupteten Dienstbarkeit. Anders als die Besitzstörungsklage ist die Eigentumsfreiheitsklage nicht an eine 30-tägige Frist gebunden. Als Kläger kann der Eigentümer ebenso auftreten wie dinglich Berechtigte, Pächter, etc. Als Kläger kommen daher beispielsweise auch Jagdpächter, Weideberechtigte usw. in Betracht. Beklagter kann derjenige sein, der sich eine Dienstbarkeit oder ein persönliches Recht anmaßt und wer ohne sich ein Recht anzumaßen in fremde Rechte eingreift. Das Verfahren endet durch Urteil.

Das Klagebegehren richtet sich auf die Feststellung des Nichtbestehens des behaupteten Rechts, die Wiederherstellung des ursprünglichen Zustandes sowie die Unterlassung weiterer Störungen.[49] Voraussetzung für die Klage ist, dass eine Störung vorliegt und daraus Dauerfolgen entstehen bzw. Wiederholungsgefahr besteht. Das Vorliegen von Wiederholungsgefahr darf dabei nach der Ansicht des OGH nicht zu eng geprüft werden, es reicht aus wenn weitere Eingriffe ernsthaft zu befürchten sind.[50] Der Eintritt eines Schadens oder ein Verschulden auf Seiten des Störers (= Beklagten) ist *nicht* erforderlich.

Der Kläger muss sein Eigentumsrecht oder sonstiges Recht (Jagrechte, etc.) ebenso beweisen wie den erfolgten Eingriff in sein Recht und die Wiederholungsgefahr. Der Beklagte kann die Klage dann erfolgreich abwehren, wenn er beweisen kann, dass er nicht in fremdes Recht eingegriffen hat, ein Recht zum Eingriff hatte oder Wiederholungsgefahr

[49] ZVU 2000, 110 ff.

[50] MietSlg 30.060.

nicht vorliegt. Nutzungsrechte ergeben sich nicht nur aus Dienstbarkeiten, sondern es können auch gesetzlich eingeräumte Nutzungsrechte (§ 33 ForstG), landesgesetzliche Regelungen über die Wegefreiheit im Bergland und Gemeingebrauch zur (eingeschränkten!) Inanspruchnahme fremden Grundes legitimieren.

Die Klage kann sich nicht nur gegen den eigentlichen Störer, sondern auch gegen mittelbare Störer richten, wie etwa alpine Vereine und Herausgeber von Kletterführern, wenn sie andere Personen zur Beeinträchtigung fremder Rechte veranlassen“[51].

Die Eigentumsfreiheitsklage richtet sich gegen die Anmaßung einer Servitut oder anderer behaupteter Rechte.
Das Klagebegehren richtet sich auf Feststellung der Störung, Wiederherstellung des ursprünglichen Zustandes und Unterlassung weiterer Störungen.
Ein Schadenseintritt ist nicht erforderlich, ebenso wenig ein Verschulden des Störers.

Exkurs: Servitutsklage (actio confessoria)

Die Servitutsklage (geregelt in § 523 ABGB, 2. Satz, 1. Fall) ist das Gegenstück zur Eigentumsfreiheitsklage und dient der Abwehr von Störungen einer eingeräumten oder ersessenen Dienstbarkeit (eine Nutzung im Rahmen eines Gemeingebrauches, also einer Nutzung durch jedermann, reicht nicht aus). Sie könnte etwa zur Anwendung kommen, wenn ein Grundeigentümer die Nutzung eines Klettergartens verhindert, obwohl dieser seit mehr als 30 Jahren besteht und etwa von Mitgliedern ein und desselben alpinen Vereins benutzt wird. Voraussetzung ist das Bestehen einer Dienstbarkeit und dass das sich daraus ergebende Recht gestört wird. *Bestreitet* der Grundeigentümer bloß das Recht ohne es jedoch durch tatsächliche Handlungen zu stören, steht die Servitutsklage nicht zur Verfügung, diesfalls wäre eine Feststellungsklage unter den Voraussetzungen des § 228 ZPO möglich.[52]

Kläger ist der Dienstbarkeitsberechtigte, Beklagter kann nicht nur der die Dienstbarkeit störende Grundeigentümer oder dinglich Berechtigte

[51] ZVR 2000, 110 ff.

[52] EvBl 1969/56; gegenteilig SZ 13/54, 39/21).

sein sondern jeder, der die Ausübung der Dienstbarkeit stört.[53] Der Kläger muss das Bestehen der Dienstbarkeit und die Störung beweisen, der Beklagte das Nichtbestehen oder Erlöschen der Servitut.

Die Servitutsklage bildet das Gegenstück zur Eigentumsfreiheitsklage. Sie dient der Durchsetzung einer Servitut.

D. Publizianische Klage (Klage aus dem rechtlich vermuteten Eigentum)

Diese Klage ist in § 372 ABGB geregelt. Grundsätzlich gilt hier das unter Punkt 3. Ausgeführte. Sie bietet allerdings für den Kläger den Vorteil, dass er nicht sein Eigentumsrecht beweisen muss – ein Beweis, der oftmals schwierig zu führen ist. Der Kläger muss „nur" sein – im Verhältnis zum Beklagten – besseres Recht beweisen. Auch diese Klage steht nicht nur dem Eigentümer, sondern auch dem Pächter oder sonst dinglich Berechtigten offen. Die publizianische Klage steht auch dem nicht verbücherten (d.h. dem nicht im Grundbuch eingetragenen) Servitutsberechtigten[54] zu, kann also durchaus auch zur Durchsetzung eines Kletterrechts herangezogen werden.

[53] SZ 39/21.

[54] MietSlg. 38.246.

IV. Haftungsfragen

A. Begriffsbestimmungen und Grundsätzliches

1. Charakter der Empfehlungen

Empfehlungen von Verbänden, alpinen Vereinen etc. stellen keine Rechtsnormen dar, da den entsprechenden Institutionen natürlich keine Gesetzgebungsbefugnis zukommt. Dennoch können die entsprechenden Empfehlungen zu „Verkehrsnormen" werden. Von Verkehrsnormen kann man dann ausgehen, wenn die Empfehlungen mit einem Sicherheitsgewinn verbunden sind, sie von anerkannten Fachkreisen wie Bergführerverbänden, Alpenvereinen etc. gelehrt und in der Ausbildung angewandt werden, es eine breite Zustimmung in Fachkreisen und von Anwendern gibt und sie letztendlich über einen längeren Zeitraum in der Praxis auch angewendet werden.[55]Voraussetzung dafür ist, dass die entsprechenden Empfehlungen langdauernd, allgemein und gleichmäßig angewandt werden und außerdem von der Überzeugung getragen sind, dass die angewandten Regeln Recht sein sollen.[56] Die Frage, wann Verhaltensweisen oder Empfehlungen zu Verkehrsnormen werden, stellt eine Frage der rechtlichen Beurteilung dar, die von den Gerichtens im Zuge der Entscheidungsfindung zu treffen ist. Empfehlungen und angewandte Verhaltensweisen werden dabei bei der Entscheidungsfindung zwar unterstützend herangezogen, dies bedeutet aber nicht, dass eine Empfehlung damit zugleich zur Verkehrsnorm wird. Bei der Erhebung einer Empfehlung zur Verkehrsnorm ist ohnehin mit Bedacht vorzugehen, dies im Hinblick auf die haftungsrechtlichen Folgen. Die vorschnelle Unterstellung einer Handlungsweise als Verkehrsnorm führt nur allzu leicht zu einer erweiterten Haftung oder einer Beweislastumkehr. Eine „Veramerikanisierung" des Schadenersatzrechts, wird gerade in der Kletterszene nicht gewünscht, wird doch die Eigenverantwortung gerade in diesem Bereich groß geschrieben und soll nicht unbedacht ausgehöhlt werden! Kocholl[57] wertet bei-

---

55 Überzeugend: Ermacora, Alpinseminar des OLG Innsbruck 2004 in Galtür.

56 Koziol/Welser, Grundriß des bürgerlichen Rechts, Band I, 34.

57 Kocholl, Rechtsfragen beim Sportklettern, Sicherheit im Bergland 2006, 158 f.

spielsweise einzelne Kletterregeln (z.B. „kein freies Seilende“) als Verkehrsnorm, dies wird von der Rechtsprechung *ausdrücklich abgelehnt*. Gegen die Wertung der Kletterregeln als Verkehrsnorm spricht auch deren mehrfache Umgestaltung und Reduktion in den letzten Jahren. Die Wertung eines Verhaltens als schuldhaft im gerichtlichen Verfahren bedeutet keineswegs, dass von Alpenvereinen etc. diesbezüglich getroffenen Empfehlungen Verkehrsnormcharakter zukommt, wofür auch die derzeit laufende Umgestaltung der Kletterregeln spricht.

2. Ingerenzprinzip und Verkehrssicherungspflicht:

Die Garantenstellung aus Ingerenz beruht auf der Tatsache, dass eine neue Gefahrenquelle geschaffen wurde.[58] Nach dem Ingerenzprinzip muss derjenige, der eine Gefahrenquelle geschaffen hat, auch für eine entsprechende Gefahrenabwehr sorgen. Auch rechtmäßig und schuldlos geschaffene Gefahrenquellen müssen abgewehrt werden. Personen, aus deren Bereich Gefahren für andere ausgehen (in deren Bereich sich daher Gefahrenquellen befinden), sind verpflichtet, diese Gefahrenquellen zu kontrollieren und mögliche Beeinträchtigungen Dritter zu verhindern.[59] Diese Pflicht trifft z.B. auch Betriebsinhaber von Fitnesscentern.[60] Daraus abgeleitet trifft diese Pflicht auch Betreiber von Kletterhallen. Wird daher eine Gefahrenquelle geschaffen, hat man auch dafür Sorge zu tragen, dass durch die Gefahrenquelle niemand zu Schaden kommt.

3. Wegehalterhaftung gem. § 1319a ABGB

Der Bestimmung des § 1319a ABGB kommt vor allem bei Klettersteigen und eingerichteten Klettergärten maßgebliche Bedeutung zu. Halter eines Weges ist – wie bereits mehrfach ausgeführt – derjenige, der die Kosten für die Errichtung und/oder Erhaltung trägt und die faktische Verfügungsmacht besitzt. Die faktische Verfügungsmacht besitzt beispielsweise derjenige, der Anweisungen erteilen kann, ob und welche (Sanierungs-)Maßnahmen durchgeführt werden, der darüber bestimmt, wann ein Weg geöffnet oder gesperrt wird und ähnliches.

Im Verhältnis zu den allgemeinen Regeln des Schadenersatzrechts bringt § 1319a ABGB einerseits eine wesentliche Haftungsmilderung,

[58] Hilf in WK, 2. A., 59. Lfg, RZ 104 zu § 2 StGB.

[59] Hilf in WK, 2. A., 59. Lfg, RZ 119 zu § 2 StGB.

[60] Hilf in WK, 2. A., 59. Lfg, RZ 120 zu § 2 StGB.

andererseits aber auch eine wesentliche Haftungsverschärfung mit sich: Die Haftungsverschärfung besteht darin, dass der Wegehalter auch für das Verschulden seiner „Leute“ einzustehen hat, wie für sein eigenes Verschulden. Dabei haftet der Wegehalter nicht bloß für einen generell untüchtigen Besorgungsgehilfen, sondern einfach für das Verschulden jener Personen, deren er sich zur Erhaltung des Weges bedient. Diese Haftungsverschärfung erklärt sich insbesondere auch daraus, dass ein Wegehalter die Erhaltungsmaßnahmen in aller Regel nicht selbst besorgt, sondern sich dazu seiner Gehilfen bedient.[61]

Die Haftungsmilderung besteht darin, dass der Wegehalter für sein eigenes Verschulden und jenes seiner „Leute“ nur dann zur Haftung herangezogen werden kann, wenn ein grobes Verschulden, also Vorsatz oder grobe Fahrlässigkeit vorliegen. Unter grober Fahrlässigkeit versteht man dabei eine auffallende Sorglosigkeit, bei der – im konkreten Einzelfall – die gebotene Sorgfalt in so ungewöhnlichem Maß verletzt wird, dass ein Schadensfall nicht nur möglich, sondern geradezu wahrscheinlich ist.[62]

Die Privilegierung des Wegehalters war insbesondere in der Literatur nicht unumstritten und auch der Verfassungsgerichtshof hatte sich mit der Verfassungsmäßigkeit dieser Regelung (Gleichheitsgrundsatz!) zu befassen. Der VfGH hat die Verfassungsmäßigkeit dieser Regelung aber ausdrücklich bejaht.[63] Interessant scheint dabei für den alpinen Bereich die seinerzeitige Argumentation der Höchstrichter, die eine zureichende Rechtfertigung für die Abweichung vom allgemeinen Haftungsmaßstab darin sahen, dass die Wegehaltung durch die Gesichtspunkte der Unentgeltlichkeit und Interessensneutralität gekennzeichnet ist.[64] Die Wartung und Erhaltung alpiner Wege, Klettersteige und Klettergärten erfolgt in der Regel unentgeltlich und aus dem Bedürfnis, Gefahrenquellen zu entschärfen oder zu beseitigen. Das Eigeninteresse des Halters tritt in den Hintergrund. Damit rechtfertigt sich aber nicht nur die Haftungsprivilegierung, sondern auch das Ansetzen geringerer Anforderungen bei der Zumutbarkeitsprüfung von Erhaltungsmaßnahmen (siehe dazu unten).

---

[61] Bydlinski Franz, „Verkehrssicherungspflicht des Wegehalters im Bergland“, ZVR 1998, 326.

[62] Zu den Verschuldensgraden siehe § 1324 ABGB.

[63] VfSlg 8254/1978.

[64] a.M. Harrer, ZVR 1997, 244.

a) Mangelhaftigkeit

„Ob der Zustand eines Weges mangelhaft ist, richtet sich danach, was nach der Art des Weges für seine Anlage und Betreuung angemessen und zumutbar ist“.[65] Bei Klettersteigen ist dabei in erster Linie auf die angebrachten Stahlseile und Tritthilfen abzustellen, bei Klettergärten auf angebrachte Zwischensicherungen und Umlenkungen.[66] Die Verkehrssicherungspflicht des Wegehalters beschränkt sich dabei nicht auf die bloße „Verkehrsfläche“, sondern im Rahmen der Zumutbarkeit auch auf Gefahrenquellen im räumlichen Umfeld. Zu denken ist hier etwa an Lockermaterial im unmittelbaren Nahbereich eines Klettergartens, wobei die Verkehrssicherungspflicht im alpinen Gelände keinesfalls überspannt werden darf und beispielsweise Steinschlag zu den beinahe unmöglich zu vermeidenden und allgemein bekannten, geradezu typischen Gefahren im alpinen Bereich zu zählen ist.

b) Sorgfaltsmaßstab

Die Rechtsprechung hatte sich bereits mehrfach mit der Wegehalterhaftung im alpinen Gelände zu befassen.[67] Die wesentliche Schlussfolgerung aus diesen Entscheidungen ist, dass es aufgrund der besonderen Bedingungen im alpinen Gelände nahezu ausgeschlossen ist, einen Weg dauerhaft in gefahrlosem Zustand zu halten und dieser Umstand jedem Benützer auch bekannt sein muss. Damit muss aber auch ein Betroffener dieses Restrisiko als Teil seines allgemeinen Lebensrisikos selbst tragen und kann dies nicht auf den Wegehalter abwälzen.[68] Die Sorgfaltspflicht des Halters eines Klettersteiges oder Klettergartens kann damit nicht soweit reichen, dass aufgrund des alpinen Restrisikos ein Klettergarten auf Dauer zu sperren wäre, etwa weil Steinschlag nicht ausgeschlossen werden kann.

Bei der Wartung, Kontrolle und Erhaltung alpiner Steige muss bei der geforderten „Sorgfalt“ und Zumutbarkeit einerseits auf generelle alpine Gefahren, andererseits aber auch darauf abgestellt werden, dass diese in aller Regel nicht im Eigeninteresse erfolgt und Wartung und Er-

[65] § 1319a Abs. 2 ABGB.

[66] SZ 60/189 =JBl. 1988, 41.

[67] So z.B. EvBl. 1979/61, ZVR 1983, 83, SZ 60/189 u.a.

[68] Bydlinski Franz, „Verkehrssicherungspflicht des Wegehalters im Bergland“, ZVR 1998, 326 ff.

haltung mit erheblichen Kosten und Mühen verbunden sind. Aus dem Prinzip der Interessensneutralität kann abgeleitet werden, dass die Zumutbarkeit der Erhaltungsmaßnahmen umso geringer ist, je geringer das Eigeninteresse des Halters am Weg selbst ausgestaltet ist. Oft erfolgt die Erhaltung durch alpine Vereine, die aus dem Erhalt der Wege keinen Vorteil ziehen, sondern die Wartung und Erhaltung auf sich nehmen, um die Sicherheit im alpinen Gelände zugunsten der Allgemeinheit zu erhöhen. Anders kann es aber aussehen, wenn etwa unentgeltlich benützbare Wege zu einer bewirtschafteten Hütte des Wegehalters führen.[69] Strittig ist hingegen, ob die wirtschaftliche Leistungsfähigkeit des Wegehalters die Zumutbarkeit von Erhaltungsmaßnahmen beeinflusst. Dies wird etwa von Reischauer[70] abgelehnt, da „Geldmangel Leistungen, zu denen man an sich verpflichtet ist, nicht unzumutbar macht". Eine andere Ansicht vertritt – unseres Erachtens zutreffend – etwa Pirker[71], wenngleich mit entsprechender Vorsicht. Der Aufwand für die Anbringung von Gefahrenzeichen ist wohl jedenfalls zumutbar, bei anderen Maßnahmen kann der finanzielle Aufwand aber sehr wohl im Hinblick auf die wirtschaftliche Leistungsfähigkeit des Wegehalters unzumutbar sein.[72]

c) Keine Überspannung der Verkehrssicherungspflicht

Die Lage der Klettersteige und Klettergärten im Gebirge, die allgemeinen alpinen Gefahren, extreme Witterungseinflüsse etc. bringen mit sich, dass die vom Halter verlangte Verkehrssicherungspflicht nicht überspannt werden darf. Dies wird auch von der ständigen Rechtsprechung anerkannt. Die Judikatur verlangt etwa bei Klettersteigen eine zumindest einmal jährliche Kontrolle, im Bedarfsfall – etwa nach Felsstürzen – auch entsprechend öfter. Besonders gefährliche oder exponierte Stellen müssen entsprechend häufiger, rascher und unter Umständen auch kostspieliger gewartet werden. Wenn eine Sanierung einer Gefahrenquelle in angemessener Zeit nicht möglich ist, ist der Weg zu sperren. Empfehlenswert wäre auch die Anbringung einer Tafel mit dem Hinweis, wann die letzte Wartung oder Kontrolle erfolgte, damit Begeher auf einen allenfalls schlechteren Zustand von Anfang an

69 Reischauer in Rummel, ABGB II, 2. Auflage, 567.

70 A.a.O., 569.

71 Pirker, Wegehalterhaftung im alpinen Gelände, ZVR 1991, 213.

72 JBl 1992, 548.

entsprechend reagieren können. Ist der schlechte Zustand eines Weges von Anfang an erkennbar, erhöht sich natürlich auch die Eigenverantwortung des Begehers. Auch an dieser Stelle sei nochmals erwähnt: Je geringer das Eigeninteresse des Wegehalters, desto geringer ist auch der anzuwendende Sorgfaltsmaßstab!

d) Beweislast

Die Wegehalterhaftung bildet in der österreichischen Rechtsordnung einen Teil des Schadenersatzrechts. Der durch den mangelhaften Zustand eines Weges Geschädigte ist daher neben dem Nachweis des erlittenen Schadens und der Kausalität für den Schadenseintritt auch für das Verschulden des Wegehalters beweispflichtig. Anderes gilt freilich, wenn etwa für die Benützung eines Klettergartens ein Entgelt zu entrichten ist. Die Entrichtung eines Entgelts führt zu einer Vertragsbeziehung zwischen Halter und Benutzer. Im Falle dieser Vertragshaftung kommt dem Halter als Vertragspartner das Haftungsprivileg des § 1319a ABGB nicht zugute, sondern er haftet für jedes Verschulden und ihn trifft darüber hinaus die Beweislast dafür, dass ihn an der Nichteinhaltung der vertraglichen Pflichten kein Verschulden trifft.[73]

B. Handeln auf eigene Gefahr (Eigenverantwortung)

Klettern ist ein Risikosport. Jedem (erfahrenen) Kletterer ist bewusst, dass objektive alpine Gefahren bestehen, Sicherungen ausbrechen können und im Falle des Sturzes Verletzungen und auch der Tod drohen können. Dies bedeutet aber nicht zugleich, dass sich jeder Kletterer mit diesem Risiko abfindet. Häufig wird gerade von weniger Geübten das Risiko herabgespielt oder nach der Devise „wird schon nichts passieren“ geklettert. Vielfach ist gerade in der Kletterhalle zu bemerken, dass ein Risikobewusstsein nur eingeschränkt vorhanden ist und fundamentale Sicherheitsregeln missachtet werden. Sicherungsfehler passieren großteils aus Fehlbedienungen, Unkenntnis oder nicht selten schlicht aus Unachtsamkeit.

[73] Ermacora, „Wer haftet für Klettersteige und Klettergärten“, Berg&Steigen 2/00.

Wurden Berg- und Kletterunfälle seinerzeit als schicksalhaft hingenommen, droht heute nicht selten aus dem Unfallort ein Tatort mit weitreichenden zivil- und strafrechtlichen Folgen zu werden.[74]

Die umgangssprachlich ausgedrückte „Eigenverantwortung" ist der rechtlichen Definition des Handels auf eigene Verantwortung bzw. der eigenverantwortlichen Selbstgefährdung nur in Teilbereichen gleichzusetzen und bedarf konkreter Betrachtung und Differenzierung.[75] Wenngleich juristische „Einmischungen" unter Hinweis auf die Eigenverantwortung in der Kletterszene oft schlicht abgelehnt werden und einzelne höchstrichterliche Entscheidungen allenfalls mit Kopfschütteln zur Kenntnis genommen werden, soll nicht übersehen werden, dass Rechtsgüterschutz und Unfallvorbeugung Hand in Hand gehen und die rechtliche Entwicklung dabei durchaus auch wertvolle Hilfestellung im Bereich der alpinen Ausbildung, Materialentwicklung und Materialnormierung bieten kann. Die geforderten Verkehrssicherungspflichten dürfen aber nicht soweit strapaziert werden, dass eigenverantwortliches Verhalten in den Hintergrund gedrängt wird. Letztlich sind gerade beim Klettern trotz Einhaltung aller Sorgfaltsregeln Unfälle nicht auszuschließen, sodass danach getrachtet werden muss, keine überzogenen Sorgfaltsanforderungen zu stellen.

1. Strafrechtliche Aspekte

Vorab ist festzuhalten, dass eine strafrechtliche Verantwortung – etwa für eine vom Kletterpartner erlittene Körperverletzung – durch ein Mitverschulden des Opfers nicht ausgeschlossen wird. Daran vermag auch nichts zu ändern, dass sich das Opfer eigenverantwortlich grob fahrlässig verhalten hat.[76]

Das österreichische Strafgesetzbuch regelt in § 90 StGB, dass eine Körperverletzung oder Gefährdung der körperlichen Sicherheit dann nicht rechtswidrig ist, wenn der Verletzte oder Gefährdete in sie eingewilligt hat und die Verletzung oder die Gefährdung nicht gegen die guten Sitten verstößt. Allerdings ist § 90 StGB auf Berg- und Kletter-

---

74 Klaus Berger, Bewusste Risikoübernahme, Rechtsentwicklung zur Eigenverantwortung am Beispiel des Bergsports, SpuRt 4/2007 (dt. Recht).

75 Ausführlich: Werner Engers „Haftung des Betreibers von Kletterhallen", Gehen – Steigen – Klettern: Seminar des OLG Innsbruck für Richter und Staatsanwälte, Kühtai, Jänner 2008.

76 SSt 29/27

unfälle de facto unanwendbar, da nach herrschender Lehre das Opfer in den eingetretenen Erfolg einwilligen muss.[77] Der betroffene Kletterer wird zwar in aller Regel in die gefährliche Handlung an sich, nämlich das Klettern und das damit verbundene allgemeine Risiko, einwilligen, nicht aber in die damit möglicherweise verbundenen Folgen, nämlich schwerste Verletzungen bis hin zum Tod im Falle des Unfalles, da in der Erwartung geklettert wird, es werde nichts passieren. Stimmt das Opfer aber bloß einer Gefährdung zu und führt die gefährliche Handlung zu einer Verletzung, bleibt diese rechtswidrig. Eine Einwilligung in eine Todesfolge schließt § 90 StGB ohnehin von vornherein aus. Letztlich würde § 90 StGB auch nur die Rechtswidrigkeit des Handelns, nicht aber die Tatbestandsmäßigkeit an sich beseitigen (eine grundsätzlich strafbare Handlung daher ausnahmsweise entschuldigen).

Es gilt daher einen Ansatz zu finden, bei der die eigenverantwortliche, freiwillige Vornahme einer gefährlichen Handlung bereits die Tatbestandsmäßigkeit der §§ 80, 88 oder 89 StGB beseitigt, möchte man die strafrechtlichen Folgen unter Hinweis auf eigenverantwortliches Handeln beseitigen.

Um das Ergebnis vorwegzunehmen: Der Ausschluss strafrechtlicher Verantwortung durch eigenverantwortliches Handeln ist eher die Ausnahme als die Regel!

Zuerst muss einerseits zwischen der *Mitwirkung an freiwilliger Selbstgefährdung anderer* und der *einverständlichen Fremdgefährdung* andererseits unterschieden werden.[78]

Die Mitwirkung an freiwilliger Selbstgefährdung anderer umfasst jene Fälle, bei denen das Opfer selbst eine riskante Handlung vornimmt, ein Dritter aber die riskante Handlung veranlasst, ermöglicht oder sonst auf irgendeine Weise fördert.[79] Das Opfer hält dabei den Geschehensablauf selbst in der Hand und kann das Geschehen damit selbst sicher gestalten, während ein Dritter lediglich das gefährliche Verhalten ermöglicht oder unterstützt. Ein solches Mitwirken träfe etwa den Betreiber einer Kletterhalle, eines Klettersteiges oder Klettergartens.

---

77 Leukauf-Steininger, § 90 Rz 10 u.a.

78 Ausführlich: Herbert Steininger: „Freiwillige Selbstgefährdung als Haftungsbegrenzung im Strafrecht“ ZVR 1985/97 ff.

79 A.a.O.

Maßgeblich ist, dass das Opfer die zu einer Verletzung oder Gefährdung führende Handlung *selbst* setzt und sich freiwillig und bewusst dieser Gefahr aussetzt, die zum Schadensereignis führt. Durch dieses eigenverantwortliche, bewusste Handeln des Opfers relativiert sich die von einem Dritten zu erwartende und zu verlangende Sorgfalt. Damit die Mitwirkung an der freiwilligen Selbstgefährdung nicht die Tatbestände der fahrlässigen Köperverletzung, fahrlässigen Tötung etc., verwirklicht, darf das Handeln des Dritten weder gesetzlichen Verboten zuwiderlaufen (wie z.B. die Weitergabe von Suchtgift), noch dürfen Schutz- oder Sorgfaltspflichten gegenüber dem Opfer bestehen.[80] Derartige Schutz- und Sorgfaltspflichten können sich aus vertraglichen Verpflichtungen (Bergsportführer – Gast) oder aus Rechtsvorschriften ergeben (z.B. Schutzpflichten der Eltern gegenüber Kindern, Schulkletterkurse etc.).

Derjenige, der eine Gefahrenlage schafft und damit Dritten ein eigenverantwortlich selbstgefährdendes Verhalten ermöglicht, dieses veranlasst oder dazu beiträgt, ist dann nicht strafrechtlich zur Verantwortung zu ziehen, wenn ihn keine Schutzpflichten treffen, er nicht sonst sorgfaltswidrig handelt, das Opfer das Gefährdungspotenzial erkennen kann und sich freiwillig dieser Gefährdung aussetzt. Diesfalls ist bereits die Tatbestandsmäßigkeit des Handelns des Dritten zu verneinen. Diesen trifft jedoch die Verpflichtung, atypische Gefahrenquellen zu beseitigen.

Beispiel

Der Betreiber einer ordnungsgemäß errichteten und gewarteten Kletterhalle haftet nicht schon deshalb, weil er den Kletterern die Möglichkeit zur Ausübung ihres Sports bietet, mag dieser auch gefährlich sein und zu Verletzungen oder auch zum Tod führen. Es ist nur vor jenen Gefahren zu schützen, die nicht üblicherweise mit der Benützung einer Kletterhalle oder eines Klettersteiges verbunden sind. Atypische Gefahrenquellen müssen jedoch beseitigt werden. So muss z.B. der Benützer einer Kletterhalle nicht damit rechnen, dass Umlenkungen am Top mangelhaft fixiert oder Tritthilfen in Klettersteigen nicht ausreichend tragfähig sind.

[80] Burgstaller, WK, § 80 RZ 70.

Von der Mitwirkung an der freiwilligen Selbstgefährdung ist die *einverständliche Fremdgefährdung* zu unterscheiden. Hier wird die Gefährdung oder die zur Verletzung führende Handlung nicht vom Opfer selbst gesetzt, sondern von einem Dritten. Das Opfer hält nicht den Geschehensablauf selbst in der Hand, es ist ihm aber die Gefährdung bewusst. Das Opfer gefährdet sich daher nicht unmittelbar selbst durch ein riskantes Handeln, sondern setzt sich bewusst riskantem fremden Handeln aus.[81] Es dominiert das Verhalten des Täters, das Opfer kann den Geschehensablauf nur begrenzt beeinflussen. Führt ein sorgfaltswidriges Verhalten zum Eintritt eines strafrechtlich verpönten Erfolges, kann sich der Täter nicht auf das Einverständnis des Opfers berufen. Sein Verhalten bleibt trotz der freiwilligen Risikoübernahme schon deshalb objektiv sorgfaltswidrig, weil das Opfer nicht die Möglichkeit hat selbst in den Geschehensablauf einzugreifen und dadurch selbst für seine Sicherheit zu sorgen. Ein Ausschluss der Strafbarkeit ist hier allenfalls über das Ansetzen bei den geforderten Sorgfaltsmaßstäben denkbar. Im Hinblick auf die Gefährlichkeit des Klettersports an sich und im Hinblick auf die allgemeine Bekanntheit der mit diesem Sport verbundenen Risiken scheint eine großzügige Auslegung zugunsten des „Täters" bei der Prüfung der zu fordernden Sorgfalt jedenfalls angebracht! Darüber hinaus ist die freiwillige Risikoübernahme durch das Opfer jedenfalls als Milderungsgrund zu werten.[82]

Ein Haftungsausschluss bei der einverständlichen Fremdgefährdung ist daher lediglich in Ausnahmefällen denkbar. Hier käme wohl am ehesten das Expeditionsbergsteigen oder das Klettern in extremen Routen in Frage.

2. Zivilrechtliche Aspekte

Handeln auf eigene Gefahr bedeutet, sich einer bekannten oder zumindest erkennbaren Gefahr, die ein anderer geschaffen hat, auszusetzen. Im Jahr *1987* judizierte der OGH, dass für den Fall des Handelns auf eigene Gefahr eine Haftung mangels Rechtswidrigkeit entfalle, da dem Gefährder keine Schutzpflichten demjenigen gegenüber obliegen, der eine Gefahr kannte oder erkennen konnte und dem aus diesem Grund

81 Herbert Steininger: „Freiwillige Selbstgefährdung als Haftungsbegrenzung im Strafrecht" ZVR 1985/104.

82 A.a.O., 102.

eine Selbstsicherung zugemutet werden konnte.[83] Zwei Jahre später entschieden die Höchstrichter, dass Teilnehmer gefährlicher Sportveranstaltungen dann auf eigene Gefahr handeln, soweit sie das in der Natur der gefährlichen Veranstaltung liegende Risiko kannten oder erkennen konnten. Sei nach der Art einer sportlichen Tätigkeit für jedermann leicht erkennbar, dass er sich durch eine Teilnahme einer erhöhten Gefährdung der körperlichen Sicherheit aussetze, träfe den Veranstalter eines solche Bewerbes keine besondere Warn- oder Belehrungspflicht.[84]

Nach diesen Entscheidungen zeigte sich in der Weiterentwicklung dieser höchstrichterlichen Judikatur bedauerlicherweise eine Zurückdrängung des Handelns auf eigene Gefahr und eine wesentliche Verschärfung der Haftungsmaßstäbe.

Echtes und unechtes Handeln auf eigene Gefahr

Handeln auf eigene Gefahr liegt – wie oben ausgeführt – dann vor, wenn sich eine Person einer ihr bekannten oder zumindest erkennbaren Gefahr aussetzt, die ein anderer geschaffen hat.[85] Echtes Handeln auf eigene Gefahr kommt nach der Rechtsprechung des OGH nur dann in Betracht, wenn demjenigen, der die Gefahrenquelle geschaffen hat, demjenigen gegenüber, der die Gefahr kannte oder erkennen konnte, *keine **Schutzpflichten** obliegen.*[86] Selbst bei diesem echten Handeln auf eigene Gefahr müsse durch umfangreiche Interessensabwägung beurteilt werden, ob die Rechtswidrigkeit des Handelns des Gefährders entfalle.[87] Es muss daher in jedem Einzelfall geprüft werden, wie weit durch das echte Handeln auf eigene Gefahr die Sorgfaltspflichten eines anderen aufgehoben werden.[88] Ein solches echtes Handeln auf eigene Gefahr liegt daher am ehesten dann vor, wenn Kletterer über denselben Ausbildungsstand verfügen, gleichermaßen mit dem verwendeten Material und den Sicherungstechniken vertraut sind und über denselben Kenntnisstand der gekletterten Route und deren Gefahrenstellen verfügen.

---

[83] 1 Ob 35/87.

[84] 7 Ob 472/89.

[85] Koziol, Haftpflichtrecht I^3, Rz 4/38.

[86] ZVR 1998/114.

[87] 3 Ob 221/02z, JBl 2003, 862.

[88] 2 Ob 338/98i.

Unechtes Handeln auf eigene Gefahr liegt dann vor, wenn den Gefährder *Schutzpflichten* gegenüber der sich selbst gefährdenden Person treffen.[89] Bei unechtem Handeln auf eigene Gefahr kommt es zu keinem Ausschluss der Rechtswidrigkeit des Handelns des Gefährders. Die Rechtswidrigkeit ergibt sich hier schon aus der Verletzung der dem Gefährder obliegenden Schutzpflichten. Die Selbstgefährdung des Geschädigten kann lediglich zu einer Einschränkung der Haftung im Rahmen des nach § 1304 ABGB zu prüfenden Mitverschuldens führen.[90] Derartige Schutzpflichten bestehen etwa für Bergführer, Führer aus Gefälligkeit, Lehrer und Instruktoren im Bereich von Schulkletterkursen oder alpinen Lehrgängen, Eltern gegenüber Kindern etc.

Zwar verkennt der OGH nicht, dass die Teilnahme an Risikosportarten auch auf eigenes Risiko erfolgt, den Betreiber solcher Sportstätten oder Veranstalter solcher Sportarten treffen jedoch zumindest Sorgfalts- und Aufklärungspflichten über die Sicherheitsrisiken. Erst dadurch werde der Teilnehmer nämlich in die Lage versetzt, diese auch ausreichend und umfassend abzuschätzen. Die Schilderung, Aufklärung und Beratung muss dabei so umfassend und konkret erfolgen, dass sich der Selbstgefährdende den möglichen Gefahren bewusst wird und sie daher entsprechend abschätzen kann.[91] Lediglich über für jedermann einsichtige Gefahren muss nicht aufgeklärt werden. Bloß aus der Tatsache, dass jemand eine riskante Sportart ausübe oder an einer riskanten Sportveranstaltung teilnehme, könne kein Verzicht auf Schadenersatzansprüche abgeleitet werden.[92] Gerade im Bereich des Kletterns in der Halle wird oftmals ein Sicherheitsgefühl vermittelt, das mit den tatsächlichen Risiken nicht in Einklang zu bringen ist. Hier gilt es im Interesse des Betreibers einer Kletterhalle bei den Benützungsbedingungen, der Hallenordnung und den Registrierungsformularen bereits entsprechend auf die vorhandenen Risiken hinzuweisen und dies auch entsprechend zu dokumentieren.

Wie eng das Vorliegen von Schutzpflichten letztendlich vom OGH ausgelegt wird zeigt eine Entscheidung vom 7. September 2007:[93] Zwei Personen unternahmen einen gemeinsamen Suizidversuch, indem der

---

89 7 Ob 14/97b, ZVR 1998/114.

90 7 Ob 196/99w.

91 8 Ob 145/06s.

92 A.a.O., 2 Ob 277/05g.

93 2 Ob 283/06.

Lenker des Fahrzeuges mit dem Kläger als Beifahrer bewusst und mit zumindest 85 km/h gegen eine Mauer fuhr. Beide überlebten den Selbstmordversuch, der Beifahrer begehrte – nachdem der Fahrer bereits strafrechtlich verurteilt wurde – vom Fachverband der Versicherungsunternehmen Schadenersatz nach dem Verkehrsopfer(!)schutzgesetz. Der OGH verneinte ein echtes Handeln auf eigene Gefahr mit der Begründung, die Verletzung der dem Lenker gegenüber dem Fahrgast (?) bestehenden Schutzpflichten bleibe auch dann rechtswidrig, wenn sich der Fahrgast mit der Erwartung auf die Gefahr einlässt, dass gegen solche Schutznormen vorsätzlich verstoßen wird. Bereits aus der strafrechtlichen Sanktionierung der Tötung auf Verlangen oder der Beihilfe zum Selbstmord folge, dass es bei derartigen Einwirkungen eines anderen nie zum Ausschluss der Rechtswidrigkeit des verpönt Handelnden kommen könne.

Zusammengefasst scheint eine stärkere Bewertung des Handelns auf eigene Gefahr wünschenswert und geboten. Alpinsport im Allgemeinen und der Klettersport im Besonderen sind und bleiben risikobehaftet. Das Bedürfnis Einzelner, die vorhandenen Risiken auszublenden oder zu negieren, kann und darf nicht zu einer Überspannung des Sorgfaltsmaßstabes führen. Auch Schutz- und Sorgfaltspflichten gegenüber Dritten sollen keinen Freibrief für Risikofreudigkeit und Selbstüberschätzung auf Kosten Dritter bilden. Überzogene Anforderungen sind nicht nur für Bergführer oder den Führer aus Gefälligkeit, sondern auch für den Kletterpartner oft genug existenzgefährdend. Auch der rechtlich gewährte Schutz sollte seine Grenze da gefunden haben, wo persönliche Entscheidungen des Einzelnen ein verbleibendes Risiko in Kauf nehmen.

Unterschiede Zivilrecht – Strafrecht

Zivilrecht:	**Strafrecht:**
Eigeninitiative der Parteien Klage oder außergerichtliche Einigung	Offizialverfahren Delikte von Amts wegen zu verfolgen
Gerichtsverfahren durch Parteienwillen beendbar	Gerichtsverfahren durch Parteienwillen nicht beendbar
Geltendmachung der Ansprüche einer Partei	Verfolgungsanspruch des Staates gegen den Täter
Mitverschulden wird berücksichtigt	Mitverschulden wird nicht berücksichtigt
Rechtschutzversicherung trägt Verfahrenskosten	Rechtschutzversicherung trägt Verfahrenskosten aber nicht die Geldstrafe oder Freiheitsstrafe
Freizeichnung in Bezug auf Personenschäden ungültig	Freizeichnung sittenwidrig

V. Zivilrechtliche Verantwortungen

A. Allgemeines

Die Folgen eines Kletterunfalls sind meistens schwerwiegender Natur und können erhöhte medizinische Kosten nach sich ziehen. Bei Querschnittslähmungen beispielsweise ist mit lebenslangen, erhöhten Kosten zu rechnen, die naturgemäß eingebracht werden wollen.

Es ist daher eine bedeutende Frage, wer für diese Kosten aufzukommen hat. Dies geschieht meistens durch eine außergerichtliche Einigung oder die zivilrechtliche Geltendmachung von Ansprüchen (Einbringung einer Klage). Einerseits geht es um Ansprüche, die der Verletzte an einen anderen stellt (z.B. Schmerzengeld, Verdienstentgang, Heilbehelfe, Therapien und anderes mehr), andererseits um Kosten für die Vertretung in allfälligen Straf- und Zivilverfahren.

Ein weiterer Punkt ist, dass Sozialversicherungsträger, die Leistungen für den Verletzten erbringen, Regressansprüche gegen den Sichernden (Haftenden) stellen können.

B. Gang des Zivilverfahrens

Geht es in einem Strafverfahren um die Bestrafung des Schuldigen so hat das Zivilverfahren für den Verletzten den Zweck, seine aufgrund eines Kletterunfalls entstandenen Ansprüche geltend zu machen. Er kann z.B. Schadenersatz (Schmerzengeld) für die erlittenen Verletzungen, Ersatz der medizinischen Behandlungskosten/Therapiekosten/Medikamente/Heilbehelfe, Verdienstentgang (auch für die Zukunft), Ersatz erhöhter Lebenskosten (Adaptierung der Wohnung, behindertengerechte Einrichtung etc.) verlangen.

Ein Zivilverfahren wird mit der Einbringung einer Klage beim zuständigen Gericht eingeleitet. Darin müssen der Unfallhergang geschildert, die Verletzungsfolgen beschrieben und wenn möglich belegt sowie ein Schadenersatz beziffert werden. Sollte die Bezifferung des Schadenersatzes noch nicht oder nicht abschließend möglich sein kann eine sogenannte Feststellungsklage (das bedeutet, es wird im Urteil der Ausspruch begehrt, dass der Schädiger für alle zukünftigen, aus diesem Schadensereignis resultierenden Aufwendungen haftet) eingebracht werden.

Bei einem Streitwert über € 10.000,– ist das Landesgericht, darunter das Bezirksgericht zuständig. Ab einem Streitwert von € 4.000,– müssen Kläger als auch Beklagter durch einen Rechtsanwalt vor Gericht vertreten sein.

Im bezirksgerichtlichen Verfahren wird vorerst vom Gericht ein Zahlungsbefehl erlassen und dem Beklagten zugestellt. Werden gegen diesen nicht rechtzeitig oder gar keine Einwendungen erhoben, erwächst der Zahlungsbefehl in Rechtskraft. Das bedeutet, dass der Beklagte schuldig ist, den geforderten Betrag zu bezahlen, ohne dass vom Gericht die Rechtmäßigkeit und Richtigkeit des geforderten Betrages geprüft wird. Unter bestimmten, im Gesetz genau geregelten Umständen, gibt es die Möglichkeit ein Rechtsmittel gegen diesen Zahlungsbefehl zu erheben. Erhebt der Beklagte Einwendungen gegen den rechtskräftigen Zahlungsbefehl, wird dieser außer Kraft gesetzt und findet ein Verfahren (d.h. Verhandlungen) vor dem Bezirksgericht statt.

Im Verfahren vor dem Landesgericht (Klage mit einem Streitwert über € 10.000,–) wird der Beklagte vom Gericht aufgefordert, eine Klagebeantwortung zu verfassen und seine Sicht darzustellen. In weiterer Folge kommt es zu einer ersten und allenfalls weiteren Verhandlungen. Sind alle Beteiligten bzw. Zeugen einvernommen und alle sonstigen Beweise aufgenommen (z.B. Ortsaugenschein an der Unfallstelle, medizinisches Gutachten, alpintechnisches Gutachten etc.) wird schriftlich ein Urteil gefällt. Dieses kann (prinzipiell von beiden Parteien) mit einem Rechtsmittel zum Oberlandesgericht bzw. zum Obersten Gerichtshof (je nach Streitwert) bekämpft werden. Das Urteil ist rechtskräftig, wenn eine Entscheidung der letzten Instanz vorliegt oder gegen ein Urteil einer früheren Instanz kein Rechtsmittel erhoben wurde.

Ein rechtskräftiges Zivilurteil, in welchem dem Verletzten eine bestimmte Schadenersatzsumme zugesprochen wurde, kann 30 Jahre vollstreckt werden. Dies bedeutet, dass über einen Zeitraum von 30 Jahren auf das Vermögen des Verurteilten zugegriffen werden kann. Aufgrund dieses Urteils kann bis auf das Existenzminimum exekutiert werden.

In einem Zivilverfahren muss der Kläger (Verletzter, Geschädigter) das Verschulden des Beklagten behaupten und beweisen. Er hat die erlittenen Verletzungen sowie die dafür geforderten Beträge nachzuweisen. Bezüglich der Verletzungen geschieht dies meist durch die Aufnahme eines medizinischen Sachverständigengutachtens. Für die Frage, ob ein Alleinverschulden oder ein Mitverschulden am Unfall vorliegt, wird zumeist ein alpintechnisches Gutachten eingeholt. Lediglich für den Fall, dass ein Vertragsverhältnis zwischen den Beteiligten vorliegt, kommt es zur sogenannten Beweislastumkehr, wobei dabei der Schädiger beweisen muss, dass ihn kein Verschulden trifft. Die restlichen Voraussetzungen für den Schadenersatz muss trotzdem der Kläger beweisen.

Im Zivilverfahren ist ein wesentlicher Punkt, ob dem Verletzten ein Mitverschulden (am Zustandekommen des Unfalls) angelastet werden kann. Dies hat auf die Höhe der schlussendlich vom Zivilgericht zugesprochenen Forderung (den eingeklagten Betrag) Einfluss. Sollte der Verunfallte ein Mitverschulden am Unfall tragen, wird er einen geringeren Teil seiner Forderungen bekommen: Bei einer Verschuldensteilung von z.B. 1 : 2 beträgt das Verschulden des Beklagten 2/3, das Mitverschulden des Verletzten 1/3. Aufgrund dieser Verschuldensteilung werden dem Verletzen nur 2/3 seiner zu Recht bestehenden Forderung zugesprochen.

Beispiel

In der Klage wurde ein Betrag von € 9.000,– geltend gemacht, da die Verschuldensteilung 2 : 1 beträgt, bekommt der Kläger € 6.000,– zugesprochen.

Sollte ein durchgeführtes Strafverfahren mit einem Schuldspruch geendet haben, so kann der im Strafverfahren Beschuldigte und nunmehr im Zivilverfahren Beklagte nicht erfolgreich behaupten, keine Schuld am Unfall zu tragen. Das im Strafurteil ausgesprochene Verschulden des Beschuldigten ist daher bindend für ein weiteres Zivilverfahren. Man spricht von einer Bindungswirkung des Strafurteils für das Zivilverfahren. Im Strafverfahren spielt es für das Verschulden des Beschuldigten keine Rolle, ob den Verletzten ein Mitverschulden trifft. Die Frage des Mitverschuldens des Verletzten hat ausschließlich in einem Zivilverfahren Bedeutung.

Geltendmachung von Schadenersatzansprüchen mittels Klage bei Gericht oder außergerichtliche Einigung.
Ein rechtskräftiges Zivilurteil kann 30 Jahre vollstreckt (exekutiert) werden.

C. Voraussetzungen für Schadenersatz

Um Schadenersatz erfolgreich geltend machen zu können müssen bestimmte, vom Gesetz genau geregelte und aufgezählte Voraussetzungen vorliegen:

Schaden, Verursachung, Rechtswidrigkeit und Verschulden.

1. Schaden

Es muss ein Schaden, das bedeutet ein Nachteil an Vermögen, Rechten oder der Person selbst zugefügt worden sein (§ 1293 ABGB).

2. Verursachung (Kausalität)

Ein Verhalten (ein Umstand) ist ursächlich für einen Erfolg, wenn er ohne das Verhalten (ohne den Umstand) nicht eingetreten wäre. Das Verhalten einer anderen Person (z.B. des Sicherungspartners) ist ursächlich für den eingetretenen Erfolg. Der Erfolg definiert sich dabei nicht als etwas Positives, sondern bedeutet den Eintritt eines Ereignisses, eines Schadens (z.B. einer Verletzung).

3. Rechtswidrigkeit

Das Verhalten einer Person, welches zur Verletzung geführt hat, ist rechtswidrig, wenn es gegen Gebote oder Verbote der Rechtsordnung oder gegen die guten Sitten verstößt. Besteht eine vertragliche Beziehung zwischen den Beteiligten, ist ein vertragswidriges Verhalten ebenso rechtswidrig. (In diesem Fall kommt es jedoch zur sogenannten Beweislastumkehr. Dies bedeutet, dass derjenige, der behauptet den Vertrag rechtmäßig eingehalten zu haben, dafür beweispflichtig ist).

4. Verschulden

Verschulden liegt dann vor, wenn das rechtswidrige Verhalten vorwerfbar ist. Vorwerfbar ist ein Verhalten, wenn es vermieden werden hätte sollen und können. Das Verschulden muss persönlich vorwerfbar sein, dies bedeutet vorwerfbar der beteiligten Person (von welcher der Schadenersatz gefordert wird). Beim Verschulden kann sowohl Vorsatz als auch Fahrlässigkeit vorliegen. Vorsätzlich handelt eine Person, wenn ihr die Rechtswidrigkeit bewusst ist, sie den schädlichen Erfolg vorhersieht und den Eintritt des Schadens billigt. Fahrlässig handelt eine Person, wenn sie die gehörige Sorgfalt außer Acht lässt. Bei der Fahrlässigkeit wird zwischen grober und leichter Fahrlässigkeit unterschieden. Ein Verhalten wird dann als leicht fahrlässig angesehen, wenn das Fehlverhalten auch einem sorgfältigen Menschen passieren kann. Grob fahrlässig ist ein Verhalten, wenn der Sorgfaltsverstoß so schwer ist, dass er einem sorgfältigen Menschen in der konkreten Situation keinesfalls passiert wäre.

4 Voraussetzungen für Schadenersatz:

Eintritt eines Schadens
Verursachung (Kausalität)
Rechtswidrigkeit des Verhaltens
Vorwerfbares Verschulden

D. Haftung des Sicherungspartners

Der Beklagte (z.B. Sicherungspartner) haftet für einen Schaden, wenn dieser ohne sein Fehlverhalten nicht eingetreten wäre und ihm vorgeworfen werden kann.

Für eine zivilrechtliche Haftung ist das Alter des Schädigers maßgebend.

Erwachsene, das sind Personen über 18 Jahren, sind grundsätzlich zivilrechtlich haftbar (Ausnahme: Geisteskrankheit, Zurechnungsunfähigkeit, verzögerte Reife, ...). Sie sind daher für ihr Handeln verantwortlich und können haftungsrechtlich zur Verantwortung gezogen werden.

Mündige Minderjährige, das sind Personen zwischen der Vollendung des 14. und des 18. Lebensjahres, sind „deliktsfähig“. Sie können daher haftungsrechtlich zur Verantwortung gezogen werden.

Unmündige Minderjährige sind Personen zwischen der Vollendung des 7. und des 14. Lebensjahres. Sie sind deliktsunfähig und können daher zivilrechtlich nicht haftbar gemacht werden. Wenn unmündige Minderjährige einen Schaden, z.B. durch fehlerhaftes Sichern, verursacht haben, sind die Aufsichtspersonen, normalerweise die Eltern, aber auch die Kletterlehrer während eines Kurses, verantwortlich. Dies jedoch nur, wenn sie die „Aufsichtspflicht" schuldhaft vernachlässigt haben. Werden während eines Kletterkurses sowohl der Umgang mit dem Material als auch das richtige Sichern vorgezeigt und geübt, kann unserer Ansicht nach von einer Verletzung der Aufsichtspflicht nicht ohne weiteres gesprochen werden.

Kinder sind Personen unter 7 Jahren: Sie sind „deliktsunfähig" und können daher zivilrechtlich nicht haftbar gemacht werden. Bei Kindern wird der Kletterlehrer aber darauf zu achten haben, dass diese körperlich in der Lage sind zu sichern (z.B. durch Einbinden eines zweiten Sichernden in das Seil, Stop-Knoten im Seil etc.).

Das Alter des Schädigers für zivilrechtliche Haftung ist maßgebend.
- *Erwachsene: über 18 Jahre, haftbar*
- *mündige Minderjährige: zwischen 14 und 18 Jahren, haftbar*
- *unmündige Minderjährige: zwischen 7 und 14 Jahren, nicht haftbar*
- *Kinder: unter 7 Jahre; nicht haftbar*

E. Haftung des Bergführers/Kletterlehrers

Der **Bergführer** haftet bei Verletzung seiner Pflichten aus einem Vertrag mit einem Dritten (z.B. im Rahmen einer gebuchten und bezahlten Unternehmung bzw. eines Kletterkurses) oder bei Verletzung seiner deliktischen Pflichten (mit deliktischen Pflichten ist jene Haftung gemeint, die sich aus der Verletzung einer Verhaltenspflicht ergibt, die für jedermann gegenüber jedermann besteht.

Beispiel

Dazu gehört zum Beispiel die Einhaltung rechtlicher Vorschriften, sorgfältiges Verhalten gegenüber Anderen ...).

Prinzipiell haftet der Bergführer nach den gleichen Maßstäben wie andere Personen, wenn er privat Sport betreibt. Aufgrund seiner Qualifikation als Bergführer haftet er auch bei privaten Unternehmungen für Fehler, die ihm aufgrund seiner Ausbildung und seines Könnens vorwerfbar sind.

Besteht jedoch eine vertragliche Beziehung zwischen dem Bergführer und einem Beteiligten, ist ein vertragswidriges Verhalten ebenso rechtswidrig. Eine vertragliche Beziehung besteht, wenn der Bergführer als solcher engagiert wurde und arbeitet. In diesem Fall kommt es zur sogenannten Beweislastumkehr. Dies bedeutet, dass derjenige, der behauptet den Vertrag rechtmäßig eingehalten zu haben, dafür beweispflichtig ist. Der Bergführer ist somit beweispflichtig, dass ihn am Unfall kein Verschulden trifft. Der Bergführer hat nur in Bezug auf das Verschulden eine Beweislastumkehr, die übrigen Voraussetzungen für den Schadenersatz müssen vom Kläger bewiesen werden.

Die Haftung des **Kletterlehrers** im Rahmen eines Kurses soll nicht überspannt werden. Tritt der Kletterlehrer im Rahmen eines Vertragverhältnisses auf (z.B. Kletterkurs oder Privatstunde) treffen ihn jedoch vertragliche Schutz- und Sorgfaltspflichten. Der Sorgfaltsmaßstab misst sich dabei an der Sachverständigenhaftung des § 1299 ABGB. Der Kletterlehrer haftet dabei für jene Kenntnisse und jenen Fleiß, den ein maßgerechter Kletterlehrer vorweisen könnte. Steht der Kletterlehrer in einem Vertragverhältnis zum Verletzten, trifft ihn die Beweislastumkehr (d.h. er muss beweisen, dass ihn kein Verschulden trifft).

Im Rahmen eines Kletterkurses haben Kletterlehrer die Aufsichtspflicht über Kinder und Jugendliche. Dabei werden Aufsichtspflichtige haftbar, wenn der Schaden auf eine schuldhafte Unterlassung der nötigen Obsorge zurückzuführen ist.[94]

Beispiel

Dies ist etwa dann der Fall wenn der Kletterlehrer zulässt, dass sich Kinder im unmittelbaren Sturzbereich eines Kletterers aufhalten ohne entsprechend zu reagieren und ähnliches.

Diese Aufsichtspflichten dürfen jedoch nicht überspannt werden.

94 Karner in Koziol/Bydlinski/Bollenberger (Hrsg.), ABGB Kommentar, 2005, RZ 1 zu § 1309.

Prinzipiell orientieren sich die Berufspflichten an den Ausbildungs- und Prüfungsordnungen.[95] Der Kletterlehrer muss sich sowohl über die Fähigkeiten der Teilnehmer einen Überblick verschaffen als auch während des Kurses auf ihre Möglichkeiten Bedacht nehmen. Typische Fehlerquellen wie etwa die falsche Handhabung von Sicherungsgeräten, falsches Anlegen der Klettergurte etc. sind dabei einzukalkulieren.

F. Haftung des Bergführers, Kletterlehrers als Sachverständiger

Wer sich zu einer Tätigkeit als Sachverständiger öffentlich bekennt, gibt dadurch zu verstehen, dass er sich den nötigen Fleiß und die nötigen Kenntnisse zutraut. Der Begriff des Sachverständigen ist sehr weit gefasst. Er umfasst alle Berufsgruppen, die ein besonderes Können oder Fachwissen voraussetzen. Der Bergführer/Kletterlehrer ist deshalb jedenfalls als Sachverständiger anzusehen. Sollte er daher dieses nötige Können oder diese nötigen Fähigkeiten nicht besitzen, muss er haftungsrechtlich dafür einstehen. Für den Bergführer/Kletterlehrer als Sachverständigen gilt ein besonderer Sorgfaltsmaßstab und damit auch ein strengerer Verschuldensmaßstab. Der Bergführer/Kletterlehrer muss daher die typischen Fähigkeiten seines Berufsstandes sowie den Leistungsstandard seiner Berufsgruppe haben.

Der Bergführer kann aus dem Vertrag oder aus einem Delikt (siehe Seite 65) haften.
Den Bergführer trifft ein erhöhter Sorgfaltsmaßstab im Rahmen der Sachverständigenhaftung.
Beweislastumkehr besteht bei Haftung aus einem Vertrag.

G. Haftung eines Vereins als Veranstalter

Zwei unterschiedliche Möglichkeiten führen zu einer Haftung des Vereins. Einerseits das „Fehlverhalten“ sprich „eigenes Handeln“ des Vereins, seiner Repräsentanten (Personen in verantwortlicher oder leitender Tätigkeit) bzw. leitenden Funktionäre. Andererseits ein Fehlver-

[95] Neumayr, Sport und Haftung, Band 2, 174.

halten eines Trainers oder eines Kletterlehrers, welches dem Verein zugerechnet werden kann.[96] Besteht zwischen dem Verein und dem Sportler kein Vertragsverhältnis, muss der Verein für Personen, die in seinen Diensten stehen im Rahmen der sogenannten „Besorgungsgehilfenhaftung“ einstehen. Dabei hat der Verein jedoch nur dann für diese Personen einzustehen, wenn er weiß, dass sie untüchtig oder ungeeignet sind und er sich trotzdem ihrer bedient. Besteht ein Vertragsverhältnis, wird dem Verein ein Fehlverhalten des Trainers/Kletterlehrers automatisch zugerechnet.

H. Haftung des Hallenbetreibers

Kletterhallen werden von unterschiedlichen Betreibern und Anbietern unterhalten.

Dabei ist eine Kletterhalle jedenfalls als Sportstätte anzusehen. Kann die Kletterhalle nur gegen Entrichtung einer Gebühr (Eintritt) benutzt werden, liegt zwischen Betreiber und Benutzer ein Sportstätten-Nutzungsvertrag vor.[97] Dieser Sportstätten-Nutzungsvertrag beinhaltet die Überlassung der Kletterwand samt den Klettergriffen und Sicherungspunkten für eine festgelegte, durch das Entgelt bestimmte, Zeit. Zwischen dem Benutzer (Kletterer) und dem Betreiber der Kletterhalle besteht daher ein Vertragsverhältnis. Den Betreiber der Sportstätte treffen deshalb vertragliche Schutz- und Sorgfaltspflichten. Betreiber einer Sportstätte können daher schadenersatzpflichtig werden, wenn sie den Pflichten aus diesem Sportstätten-Nutzungsvertrag nicht ordnungsgemäß nachkommen. Der Sorgfaltsmaßstab für den Betreiber der Kletterhalle misst sich an § 1299 ABGB (Sachverständigenhaftung). Dabei haftet der Betreiber der Kletterhalle für jene Kenntnisse und jenen Fleiß, den maßgerechte Betreiber einer Kletterhalle vorweisen können. Ein maßgerechter Betreiber einer Kletterhalle hält dabei jenen Leistungsstandard ein, welcher dem Betrieb von Kletterhallen entspricht und dabei üblich ist.

Der Betreiber einer Kletterhalle haftet für sein Verschulden bzw. das seiner Gehilfen. Er haftet auch für alle jene Personen, die in verantwortlicher, leitender oder überwachender Funktion Tätigkeiten für den

[96] Neumayr, Sport und Haftung, Band 2, 170

[97] Joenig, Sport und Haftung, Band 2, 145

Betreiber ausüben. Der Betreiber haftet daher für das Verschulden seiner Repräsentanten deliktisch.[98] Da zwischen dem Betreiber einer Kletterhalle und dem Benutzer ein Vertragsverhältnis besteht, tritt die sogenannte Beweislastumkehr des § 1295 ABGB ein. Dies bedeutet, dass den Betreiber der Kletterhalle die Beweislast dafür trifft, dass er an der Erfüllung seiner vertraglichen Schutz- und Sorgfaltspflichten sowie der vertraglichen Verbindlichkeiten ohne sein Verschulden verhindert war.

Nach dem Ingerenzprinzip (siehe Seite 38) muss derjenige, der eine Gefahrensituation schafft, Vorkehrungen treffen, um Schäden hintanzuhalten. Diese Vorkehrungen müssen jedoch objektiv zumutbar sein. Auch der Oberste Gerichtshof geht in seiner Rechtsprechung davon aus, dass die Verkehrssicherungspflichten (des Betreibers) nicht überspannt werden dürfen.

Für die in der Sportart selbst liegenden Risiken braucht der Betreiber nicht zu haften (Abschürfungen etc.). Für Gefahren, die aus Sportart und Sportstätte resultieren, treffen den Betreiber ebenfalls keine Verkehrssicherungspflichten. Er muss jedoch Maßnahmen zur Sicherheit ergreifen, die objektiv zumutbar sind (z.B. Kontrolle und Austausch der Toprope-Seile, Klettergriffe, Umlenkkarabiner, Expressschlingen). Zustand von Halle und Inventar müssen kontrolliert, gewartet und gegebenenfalls verbessert werden. Der Betreiber muss die Kletterhalle für die Benutzer in einem verkehrssicheren und gefahrlosen Zustand erhalten und vor erkennbaren Gefahren schützen.[99]

Es wird davon ausgegangen, dass der Betreiber eine Aufsichtspflicht hat. Diese beschränkt sich aber auf kontrollierbare Umstände (Anzahl der Besucher, Zustand des Materials) und das Festlegen von Verhaltensregeln für die Benutzung der Halle (z.B. Anzahl der Kletterer in der Halle, Toprope-Route nur mit Toprope-Seil klettern etc.).

Der Betreiber der Kletterhalle ermöglicht lediglich das Klettern an sich. Die Übernahme des Sicherns stellt ein Verhältnis zwischen den Kletterpartnern untereinander dar. Keinesfalls gehen die Pflichten des Betreibers so weit, dass er für Sicherungsfehler der Kletterer verantwortlich gemacht und herangezogen werden kann. Der Sicherungsfehler des Kletterpartners entzieht sich der Kontrollpflicht und Aufsichts-

[98] OGH 6 Ob 17/07d.

[99] OGH 6 Ob 17/07d.

möglichkeit des Betreibers und kann diesem daher nicht vorgeworfen werden. Ob der Kletterer eine korrekte Verbindung zwischen dem Seil und seinem Sicherungsgurt herstellt, fällt ebenfalls nicht in den Verantwortungsbereich des Betreibers der Kletterhalle.

Der Betreiber der Kletterhalle haftet nicht für die in der Sportart selbst liegenden Risiken.
Keine Haftung des Hallenbetreibers für Sicherungsfehler der Kletterpartner.
Aufsichtspflicht des Betreibers hinsichtlich kontrollierbarer Umstände

I. Freizeichnung

Als Freizeichnung wird eine Vereinbarung verstanden, die eine möglicherweise bestehende Schadenersatzpflicht zur Gänze ausschließen oder einschränken soll. Da es sich um eine Vereinbarung handelt, muss sie zwischen den Parteien, d.h. zwischen Betreiber der Kletterhalle und Benutzer/Kletterer abgeschlossen sein. Die Vereinbarung muss jedenfalls vor Aufnahme der Tätigkeit abgeschlossen worden sein. Prinzipiell kann diese Vereinbarung schriftlich oder mündlich abgeschlossen werden; dass eine mündliche Vereinbarung abgeschlossen wurde wird in der Praxis schwer zu beweisen sein. Üblicherweise werden Freizeichnungen in Allgemeinen Geschäftsbedingungen abgeschlossen.

Bei der Gültigkeit von Freizeichnungen muss zwischen einer strafrechtlichen und zivilrechtlichen Haftung unterschieden werden.

Im Strafverfahren verfolgt der Staat ein schuldhaftes Verhalten, durch welches ein Dritter zu Schaden gekommen ist. Das Strafverfahren dient daher nicht dem Ausgleich des Schadens unter den Beteiligten, sondern soll das Strafverfolgungsrecht des Staates durchsetzen. Aus diesem Grund kann man sich in einem Strafverfahren nicht auf eine Freizeichnung, d.h. auf einen vereinbarten Haftungsausschluss, berufen. Eine Freizeichnung wird als sittenwidrig angesehen und hat keine Bedeutung für das Strafverfahren.

Das Zivilverfahren hat den Zweck, die aufgrund des Kletterunfalls entstandenen Schäden geltend zu machen. Aufgrund des Konsumentenschutzgesetzes (das auf Rechtsgeschäfte zwischen Unternehmern und Verbrauchern, d.h. zwischen dem Betreiber der Kletterhalle und dem

Benutzer/Kletterer, anzuwenden ist) ist eine Freizeichnung – in Bezug auf Personenschäden – rechtlich nicht gültig und daher unwirksam.

Eine Freizeichnung hat keine Bedeutung für das Strafverfahren. Eine Freizeichnung ist im Hinblick auf Personenschäden rechtlich nicht gültig.

VI. Strafrechtliche Verantwortung

A. Allgemeines und Begriffsbestimmungen

Gemessen an der Zahl der Alpin- und Kletterunfälle in Österreich erscheint die Zahl der strafrechtlichen Verurteilungen oder diversionellen Erledigungen von Strafsachen (zum Begriff der Diversion siehe Seite 76) äußerst gering. Im überwiegenden Fall kamen die Opfer von Kletterunfällen aus eigenem Verschulden zu Schaden. Dennoch kommt es häufig zur Befassung des Gerichtes bzw. in erster Linie der Staatsanwaltschaften nach Alpinunfällen. Dies erfolgt aber keineswegs aus dem Bedürfnis, Kletterunfälle zu kriminalisieren, sondern erklärt sich aus den schweren Folgen, die Kletterunfälle nach sich ziehen, und bestehenden Anzeigepflichten. Die Exekutive ist verpflichtet, jeden Alpin- oder Kletterunfall, der angezeigt wird oder ihr sonst zur Kenntnis gelangt, der Staatsanwaltschaft zur Kenntnis zu bringen. Ärzte und Krankenanstalten sind zur Anzeige verpflichtet, wenn Fremdverschulden an einer Verletzung anzunehmen ist. Häufig gilt es auch nach Leichenfunden im alpinen Gelände die Todesursache zu klären, die Identität festzustellen und Fremdverschulden auszuschließen.

Bei der überwiegenden Zahl der Kletter- und Alpinunfälle kann Fremdverschulden bereits von Beginn an ausgeschlossen werden. Die entsprechende Mitteilung der Sicherheitsbehörde an die Staatsanwaltschaft führt daher zu einer unmittelbaren Einstellung des Verfahrens. Ist Fremdverschulden aber nicht von vorneherein auszuschließen, *muss* die Staatsanwaltschaft selbst gegen den ausdrücklichen Willen des Geschädigten und unabhängig vom Bestehen eines öffentlichen Interesses Erhebungen tätigen, da sämtliche in Frage kommenden Delikte als sogenannte Offizialdelikte von Amts wegen zu verfolgen sind. Anzeigen können daher nicht zurückgezogen werden oder deshalb unbeachtet bleiben, weil die Kletterpartner ein Verfahren nicht wünschen oder Schadensfolgen bereits untereinander ausgeglichen worden sind (zur Möglichkeit einer diversionellen Erledigung siehe unten).

1. Unterscheidung zivil- und strafrechtliche Haftung

Die zivilrechtliche Haftung regelt den Schadensausgleichsanspruch des Schädigers und des Geschädigten untereinander. Gerichtliche und außergerichtliche Schadensbereinigung sind möglich, der Schadensfall ist versicherbar. Demgegenüber regelt das Strafrecht den Strafanspruch des Staates gegenüber dem Täter. Der Täter soll für sein Fehlverhalten, durch das ein anderer zu Schaden kam, bestraft werden; die Allgemeinheit soll durch die Außenwirkung des Strafurteils von Straftaten abgehalten werden (Generalprävention). Die strafrechtliche Verantwortung trifft die Person des Täters persönlich, seit dem Verbandverantwortlichengesetz können allerdings auch juristische Personen (etwa alpine Vereine) strafrechtlich belangt werden. Die Folgen der strafrechtlichen Verurteilung sind vom Täter selbst zu tragen, verhängte Geld- oder gar Freiheitsstrafen können selbstverständlich nicht auf eine Versicherung überwälzt werden.

2. Vorsatz und Fahrlässigkeit

Vorsätzlich handelt derjenige, der einen strafrechtlich verpönten Sachverhalt verwirklicht und dem auch bewusst ist, dass seine Handlung Unrecht darstellt. Um vorsätzlich zu handeln ist es nicht erforderlich, dass der Täter ein Tatbild (etwa die Verletzung eines anderen) herbeiführen will (Absicht), oder weiß, dass dieses Tatbild verwirklicht wird (Wissentlichkeit). Für die Annahme des Vorsatzes reicht es aus, dass der Täter die Verwirklichung des Tatbildes ernsthaft für möglich hält und sich damit abfindet („... es ist mir egal wenn etwas passiert...“).

Fahrlässig handelt derjenige, der die Sorgfalt außer Acht lässt, zu der er nach den Umständen des Einzelfalles verpflichtet ist, ihm ein sorgfältiges Verhalten zumutbar wäre und er zu diesem sorgfältigen Verhalten auch in der Lage ist. Erkennt der Täter nicht, dass er einen strafrechtlich verpönten Sachverhalt verwirklicht, spricht man von unbewusster Fahrlässigkeit. Hält es der Täter für möglich, dass er einen einem Tatbild entsprechenden Sachverhalt verwirklicht, will er ihn aber nicht herbeiführen, spricht man von bewusster Fahrlässigkeit („.....es wird schon nichts passieren.....“).

Ein sorgfaltswidriges Verhalten ergibt sich etwa beim Verstoß gegen bestehende Rechtsnormen, Verkehrsnormen oder allgemein anerkannten – über längere Zeit angewandten – Verhaltensregeln (etwa FIS-

Regeln). Gibt es keine entsprechenden Normen ist auf die „differenzierte Maßfigur“ (siehe unten) abzustellen.

Generell bestehen für den Klettersport kaum Gesetze und Verordnungen. Rechtliche Bestimmungen ergeben sich etwa aus den (landesgesetzlich geregelten) Ausbildungsbestimmungen für Bergsportführer oder den schulischen Bereich.[100] Darüber hinaus bestehen *Empfehlungen* alpiner Vereine, denen kein Rechtsnormcharakter zukommt, aber auch Richtlinien der Internationalen Kommission für alpines Rettungswesen (IKAR).

3. Differenzierte Maßfigur

Bei der Prüfung fahrlässigen Verhaltens wird mangels Gesetzen, Verordnungen oder anerkannter Verhaltensregeln auf die „differenzierte Maßfigur“ abgestellt. Man prüft in diesem Fall wie sich ein mit den rechtlich geschützten Werten angemessen verbundener, besonnen und einsichtig handelnder Mensch in der Lage des Täters verhalten hätte.

Selbstverständlich trägt das Strafrecht dem Umstand Rechnung, dass sich innerhalb der (Klettersport betreibenden) Bevölkerung erhebliche Unterschiede in Ausbildung, Können und Erfahrung ergeben. Deshalb wird auf den „Verkehrskreis des Täters“ abgestellt. Wird sorgfaltswidriges Verhalten etwa eines professionellen Bergführers geprüft, so wird verglichen, wie sich ein mit den rechtlich geschützten Werten angemessen verbundener, besonnen und einsichtig handelnder Bergführer verhalten hätte. An einen solchen werden natürlich höhere Anforderungen als an einen einfachen Bergsteiger, ehrenamtlichen Führer oder Lehrwart gestellt. Gerade im Hinblick darauf ist es für jeden Bergführer, Bergretter, ehrenamtlichen Führer etc. empfehlenswert, entsprechende Fortbildungsveranstaltungen zu besuchen und dies auch zu dokumentierten. Dies gilt natürlich auch für den Freizeitkletterer.[101]

4. Einlassungsfahrlässigkeit

Fahrlässiges Verhalten liegt nicht bereits dann vor, wenn jemand objektiv sorgfaltswidrig handelt. Der Täter muss auch subjektiv in der Lage sein sorgfältig zu handeln. Dies ist dann nicht der Fall, wenn

[100] So z.B. Schulveranstaltungsverordnung 1995, BGBl. 498/95.

[101] Z.B. Kletterscheine des OEAV (durch die eine entsprechende Ausbildung im Bereich der Sicherungstechnik und der Sicherungsgeräte belegt werden können).

körperliche oder geistige Voraussetzungen fehlen (etwa Bewusstlosigkeit, Schwächeanfälle etc.).

Ein Mangel an Sorgfalt kann aber auch dann vorliegen, wenn jemand eine Tätigkeit ausübt, *für die eine besondere Fachkenntnis erforderlich ist,* derjenige aber *nicht über die entsprechenden Fähigkeiten verfügt* und er auch erkennen konnte, dass die übernommene Tätigkeit seine Fähigkeiten übersteigt.

Beispiel

Eine solche Einlassungsfahrlässigkeit würde etwa dann vorliegen, wenn jemand einen anderen über Sicherungstechniken instruiert oder in Sicherungsgeräte einweist ohne selbst über ausreichende Kenntnisse zu verfügen und damit einen Schaden herbeiführt. Einer Verurteilung des BG Imst lag zugrunde, dass ein Bergretter einen Kurs, für den eine Bergsportführerausbildung vorgesehen ist, leitete, ohne selbst über die entsprechende Ausbildung zu verfügen.[100] Bei diesem Kurs wurde ein Teilnehmer verletzt. Der Bergretter – selbst ein hervorragender Bergsteiger – hätte den Kurs nicht abhalten dürfen, da er nicht über die entsprechende Ausbildung verfügte und ihm dieser Umstand auch bekannt war.

Voraussetzungen für eine strafrechtliche Verurteilung ist natürlich auch hier neben fahrlässigem Verhalten der Eintritt eines strafrechtlich relevanten Erfolges und die Kausalität der Handlung.

5. Unterlassung und Garantenstellung

In der strafrechtlichen Praxis kommen nach Kletterunfällen auch solche Vorfälle zum Tragen, bei denen es der Täter unterlassen hat, eine Handlung zu setzen, durch die der strafrechtlich verpönte Erfolg verhindert worden wäre (z.B. Nichtdurchführung des Partnerchecks).

Ob eine Unterlassung strafbar ist, wird in § 2 StGB geregelt. Zu prüfen ist dabei u.a. ob der Täter überhaupt verpflichtet war, eine Handlung zu setzen, ihn also eine persönliche Pflicht zur Abwehr des Erfolges traf. Denjenigen, den eine solche Verpflichtung trifft, nennt man **Garanten.**

---

[102] 6 U 169/95.

Die Garantenstellung kann sich aus gesetzlichen Bestimmungen (Bergführergesetzen), vertraglichen Verpflichtungen (Kletterkurs, Vertrag zwischen Bergsportführer und Gast), freiwilliger Pflichtenübernahme (Bergretter) oder aus dem gefahrenbegründenden Verhalten ergeben (Ingerenzprinizip). Von einem gefahrenbegründenden Verhalten ist dann auszugehen, wenn jemand eine Gefahrenquelle geschaffen und dadurch jemanden in eine schutzbedürftige Lage gebracht hat.

Beispiel

Jemand bereitet eine Tour schlecht vor und gefährdet seinen Partner, weil er sich verstiegen hat.

Auch aus der Gefahrengemeinschaft leitet sich eine Garantenstellung ab.[103] Eine Gefahrengemeinschaft ist der Zusammenschluss von zumindest zwei Personen zum Zweck, eine Gefahr gemeinsam besser bewältigen zu können. Eine solche Gefahrengemeinschaft liegt bei Seilschaften typischerweise vor, da man gerade deshalb eine Seilschaft bildet, um sich von seinem Partner sichern zu lassen. Eine solche Gefahrengemeinschaft liegt auch dann bei beiden Seilpartnern vor, wenn diese über unterschiedliches Können oder unterschiedliche Ausbildung verfügen.[104] So kann etwa sogar dem Gast eines Bergsportführers diesem gegenüber eine Garantenstellung treffen, etwa wenn „überschlagend" geklettert wird. Natürlich ist auch hier streng zu prüfen, welcher Sorgfaltsmaßstab anzusetzen ist und ob die Unterlassung sorgfaltswidrig erfolgte.

Häufig ist die Abgrenzung zwischen einem Handlungsdelikt und einem Unterlassungsdelikt schwierig zu treffen. Vom BG Innsbruck wurde ein Bergführeranwärter verurteilt, weil er ein Seilende nicht abgeknotet hatte. Das Seil hatte sieben Meter über dem Wandfuß geendet und es hätte ein „Umsteigen" erfolgen sollen, um bis zum Wandfuß zu gelangen. Die Verletzte hatte das Seilende übersehen und stürzte bis zum Wandfuß ab.[105] Hier liegt ein Begehungsdelikt vor, weil die Abseilstel-

[103] Hörburger, zur Frage der strafrechtlichen Beurteilung von Bergunfällen, ZVR 1978, 292 ff.

[104] Wallner, Die strafrechtliche Verantwortung des Seilgefährten und des verantwortlichen Führers bei Kletterunfällen.

[105] 8 U 2042/85.

le unsachgemäß eingerichtet worden war und kein Unterlassungsdelikt aufgrund des fehlenden Abbindens des Seilendes.

6. Besonders gefährliche Verhältnisse

Besonders gefährliche Verhältnisse i.S.d. § 81 StGB liegen vor, wenn zum Zeitpunkt der objektiv sorgfaltswidrigen Handlung der Eintritt des Schadens außerordentlich wahrscheinlich war.[106] Es liegt also eine Situation mit erhöhter Gefahrenlage vor, die mit einer außerordentlich hohen Unfallwahrscheinlichkeit verbunden ist. Dabei kann bereits ein einziger Sorgfaltsverstoß die Handlung des Täters besonders gefährlich machen (etwa wenn fundamentalste Sicherungsbestimmungen missachtet werden, wie etwa das Nachholen des Kletterpartners, obwohl der Stand nicht eingerichtet wurde). Besonders gefährliche Verhältnisse können auch dann vorliegen, wenn mehrere Sorgfaltsverstöße zusammentreffen (Mosaiktheorie). Dabei dürfen Risikofaktoren aber nicht bloß gezählt, sondern müssen auch einer entsprechenden Wertung unterzogen werden. Gefahrenmindernde Faktoren sind zu berücksichtigen.

B. Delikte und Zuständigkeiten

Bei Kletterunfällen kommen in erster Linie Fahrlässigkeitsdelikte in Frage, nämlich:

- Fahrlässige Tötung (§ 80 StGB)
- Fahrlässige Tötung unter besonders gefährlichen Verhältnissen (§ 81 StGB)
- Fahrlässige Körperverletzung (§ 88 StGB)
- Gefährdung der körperlichen Sicherheit (§ 89 StGB)

Die Delikte der fahrlässigen Tötung oder Körperverletzung bedürfen wohl keiner konkreten Erläuterung, hinsichtlich der Definition von fahrlässigem Verhalten oder besonders gefährlichen Verhältnissen wird auf die vorigen Ausführungen verwiesen. Eine Gefährdung der körperlichen Sicherheit, also die *Herbeiführung* der Gefahr für Leben, Gesundheit oder die körperliche Unversehrtheit, ist nur bei Vorliegen besonders gefährlicher Verhältnisse strafbar. Die vom Täter

[106] ZVR 1991/111.

herbeigeführte Gefährdung muss dabei konkret sein, also im jeweiligen Fall einen Personenschaden befürchten lassen.

An Vorsatzdelikten wären nach Kletterunfällen allenfalls folgende Delikte denkbar:

- Imstichlassen eines Verletzten (§ 94 StGB) und
- Unterlassen der Hilfeleistung (§ 95 StGB).

§ 94 StGB (Imstichlassen eines Verletzen) verpflichtet denjenigen, der eine Verletzung eines anderen (wenn auch nicht widerrechtlich) verursacht hat, die erforderliche Hilfe zu leisten.[107] Abgesehen davon, dass in der Kletterszene das Imstichlassen des Kletterpartners geradezu undenkbar ist, setzt § 94 StGB voraus, dass der Täter die Verletzung verursacht hat, Hilfeleistung erforderlich ist (also z.B. nicht von dritter Seite bereits Hilfe geleistet wird), die Hilfeleistung tatsächlich möglich und auch zumutbar ist. Eine Hilfeleistung ist etwa dann nicht zumutbar, wenn sie für den Helfer selbst nur unter der Gefahr des Todes, einer erheblichen Körperverletzung oder Gesundheitsgefährdung möglich ist. Der Täter ist nur dann zu bestrafen, wenn nicht die Herbeiführung der Verletzung ohnehin schon mit gleicher oder strengerer Strafe bedroht ist.

Täter kann nur derjenige sein, der die Verletzung eines Dritten verursacht hat.

Anders als beim Imstichlassen des Verletzten kann bei der *Unterlassung der Hilfeleistung (§ 95 StGB)* jeder als Täter in Frage kommen. Zu bestrafen ist derjenige, der es bei einem Unglücksfall oder einer Gemeingefahr unterlässt, die offensichtlich erforderliche Hilfe zur Rettung eines Menschen vor dem Tod, einer erheblichen Körperverletzung oder Gesundheitsgefährdung zu leisten. Voraussetzung ist auch hier, dass die Hilfeleistung zumutbar ist.

Die Zuständigkeit der Staatsanwaltschaft und in weiterer Folge des Gerichtes richtet sich nach dem Tatort sowie der Höhe der Strafdrohung. Delikte, die mit bis zu einem Jahr Freiheitsstrafe bedroht sind, fallen in die Zuständigkeit der Bezirksgerichte, Delikte mit einer ein Jahr Freiheitsstrafe übersteigenden Strafdrohung fallen in die Zuständigkeit der Landesgerichte.

---

[107] Bertl/ Schwaighofer, Strafrecht, BT, 54 ff.

C. Ablauf des Strafverfahrens, Diversion

Voraussetzung für die Strafbarkeit ist immer, dass die vom Strafgesetz verpönte Folge eingetreten ist, also je nach Delikt entweder eine Gefährdung der körperlichen Sicherheit, eine Gesundheitsbeeinträchtigung (Verletzung) eines Menschen oder der Tod. Wenn in diesem Sinne objektive und subjektive Sorgfaltswidrigkeit vom Staatsanwalt dem Betroffenen nachgewiesen wird und das Gericht die Überzeugung darüber erlangt hat, dass eine Handlung oder Unterlassung des Betroffenen den vorhin dargestellten Erfolg herbeigeführt hat, wird mit einer strafgerichtlichen Verurteilung vorgegangen. Selbstverständlich muss ein ursächlicher Zusammenhang zwischen einer Handlung oder Unterlassung des Täters und dem Geschehen (z.B. Verletzung einer Person) gegeben sein. Es wird gefragt, ob dieses Geschehen deswegen eingetreten ist, weil der Täter eine bestimmte Handlung aktiv gesetzt oder eine Handlung unterlassen hat, die er in Befolgung seiner Rechtspflicht zu setzen gehabt hätte. Es gilt aber die Regel, dass jeder Zweifel zugunsten des Betroffenen ausschlägt.

Nach einem Kletterunfall erfolgen die Erhebungen vor Ort in aller Regel durch Beamte der Alpinpolizei. Nach den Erhebungen vor Ort wird von den Beamten ein Anfallsbericht verfasst, der in weiterer Folge an die Staatsanwaltschaft übermittelt wird. Im Rahmen dieser Erhebungen werden der Verletzte, der Sicherungspartner sowie allfällige Zeugen des Unfallgeschehens einvernommen. In diesem Zusammenhang ist es wichtig darauf hinzuweisen, dass sowohl der Verunfallte als auch der Sicherungspartner sowie die Zeugen nicht selten unter Schock stehen und vom Geschehen noch beeinträchtigt sind. (Es kann daher sinnvoll sein, zeitliche Distanz zum Geschehen zu bekommen und in Ruhe zu überlegen bevor man aussagt, wie der Unfall geschehen ist bzw. was man beobachtet hat. Auch der Alpenverein rät, sich vor der polizeilichen Einvernahme juristisch beraten zu lassen.)

Die Staatsanwaltschaft entscheidet, ob weitere Erhebungen erforderlich sind, das Verfahren von vorneherein eingestellt wird oder ein Strafantrag beim Bezirks- oder Landesgericht erhoben wird. Wenn die Staatsanwaltschaft einen Strafantrag erhoben hat, wird der Akt an den zuständigen Richter zur Verhandlung weitergeleitet. Je nach Deliktsqualifikation ergibt sich die Zuständigkeit des Gerichtes (Bezirksgericht oder Landesgericht).

Im Rahmen des Strafverfahrens werden der Verletzte, der Sicherungspartner, allfällige Zeugen sowie eventuell Sachverständige einvernommen. Der Verletzte kann sich dem Strafverfahren als Geschädigter (Privatbeteiligter) anschließen und Ansprüche gegen den Beschuldigten bzw. Angeklagten anmelden. Ob das Urteil im Fall eines Schuldspruchs eine Geldstrafe oder Freiheitsstrafe zur Folge hat, hängt von den Umständen des Falles sowie dem Vorleben des Beschuldigten ab. So werden der Grad des Verschuldens, Milderungs- und Erschwerungsgründe und die Folgen der Tat in den Urteilsspruch einfließen und daher Art und Höhe der Strafe bestimmen. Gegen das Urteil können sowohl der Beschuldigte/Angeklagte als auch der Staatsanwalt Rechtsmittel gegen die Verurteilung an sich, gegen die Höhe der Strafe und gegen den Zuspruch von Schadenersatzleistungen an den Verletzten erheben.

Werden dem Verletzten bereits im Strafverfahren Ansprüche (z.B. Schmerzengeld) zuerkannt, muss der Angeklagte auch für diese aufkommen. Ein allfälliges Mitverschulden des Verletzten wirkt sich nur auf die Art und Höhe der Strafe aus. Keinesfalls wird durch ein Mitverschulden des Verletzten der Sicherungspartner von seiner (strafrechtlichen) Schuld losgesprochen. Eine strafrechtliche Verurteilung kann daher auch dann erfolgen, wenn zum Beispiel durch eine Haftpflichtversicherung der gesamte Schaden gut gemacht wurde.

1. Diversion

Unter bestimmten Voraussetzungen kann von der Durchführung eines formellen Strafverfahrens abgesehen werden und eine diversionelle Erledigung erfolgen. Voraussetzung ist, dass die Straftat nicht mit mehr als dreijähriger Freiheitsstrafe bedroht und der Sachverhalt hinreichend geklärt ist; weiters dass die Folgen der Tat ausgeglichen wurden und das Verschulden des Täters nicht schwer ist. Auch darf die Bestrafung nicht erforderlich sein um den Täter oder die Allgemeinheit von gleichgelagerten Straftaten abzuhalten. Letztendlich darf durch die Tat niemand zu Tode gekommen sein.

Seitens der Staatsanwaltschaft Innsbruck wird im Übrigen bei Sicherungsfehlern beinahe ausschließlich von einem schweren Verschulden ausgegangen, eine diversionelle Erledigung daher nur im Ausnahmefall in Erwägung gezogen.

Als diversionelle Maßnahmen kommen die Einstellung des Verfahrens unter Bestimmung einer Probezeit und/oder Verpflichtung zum Schadensausgleich ebenso in Betracht wie die Leistung einer Geldbuße, die Auferlegung gemeinnütziger Leistungen und die Begleichung der Verfahrenskosten.

2. Haftung Bergführer strafrechtlich

An einen Bergführer wird bei der Beurteilung fahrlässigen Verhaltens ein höherer Sorgfaltsmaßstab angesetzt als bei „Durchschnittsmenschen". Beurteilt wird, wie ein besonnener, umsichtig und vorsichtig handelnder, entsprechend gut ausgebildeter Bergführer gehandelt hätte, wobei auch eine fortlaufende Weiterbildung und die Kenntnis der aktuellen Sicherheitsstandards (insbesondere auch IKAR-Richtlinien) verlangt wird.

VII. Führer aus Gefälligkeit

Kaum ein Begriff in der Alpin- und Kletterszene verursachte so viel Unsicherheit wie der „Führer aus Gefälligkeit“. Hartnäckig hielt sich die Meinung, bei privaten Bergfahrten und Klettertouren hafte derjenige, der besser ausgebildet sei oder über die meiste Erfahrung verfüge. Bei Schitouren sollte gar der Vorausgehende und damit „Spurende“ als faktischer Führer zur Haftung herangezogen werden können.

Bloßes Vorangehen oder ein höherer Ausbildungsstand bzw. größere alpine Erfahrung reichen für sich allein aber nicht aus um als faktischer Führer zu gelten.[108]

Maßgeblich bestimmend für die Definition des „Führer aus Gefälligkeit“ ist eine Entscheidung des Obersten Gerichtshofs vom 30.10.1998 („Piz Buin Urteil“, Details in der Fallbesprechung).[109] Bereits anhand dieses dem Urteil zugrunde liegenden Rechtsstreits zeigte sich die Schwierigkeit bei der Definition des „Führer aus Gefälligkeit“. Im ersten Rechtsgang wurde die Haftung sowohl vom Bezirksgericht Dornbirn als auch vom Landesgericht Feldkirch verneint. Der OGH hob das Urteil des Landesgerichtes Feldkirch auf und verwies die Rechtssache zur neuerlichen Verhandlung und Entscheidung an die zweite Instanz zurück.[110] Im zweiten Rechtsgang änderte das Berufungsgericht nach Beweiswiederholung wiederum die Entscheidung des Erstgerichts ab und bejahte den Klagsanspruch dem Grunde nach durch Zwischenurteil.[111] Der OGH gab der Revision gegen dieses Urteil keine Folge und bejahte dementsprechend die Haftung des „Führers aus Gefälligkeit“ dem Grunde nach. In dieser Entscheidung des OGH erfolgte aber auch eine Definierung des „Führers aus Gefälligkeit“, sodass sich nach umfangreicher Diskussion in Fachkreisen folgende Kriterien zum Begriff des „Führers aus Gefälligkeit“ ergaben:

- ausdrückliches oder konkludentes Übernehmen der Führungsrolle,

108 Ausführlich: Stabentheiner, Zum Führer aus Gefälligkeit“, JBl. 2000, 283 ff.

109 1 Ob 293/98i.

110 1 Ob 324/97x.

111 LG Feldkirch, 2 R 143/97p.

d.h. der „Führer aus Gefälligkeit“ übernimmt einen Teil der Verantwortung seines Begleiters, dieser vertraut sich wiederum dem Führer an und überträgt diesem einen Teil der eigenen Verantwortung. Dies muss nicht ausdrücklich geschehen, sondern kann durchaus konkludent erfolgen, wobei hier ein strenger Prüfungsmaßstab anzusetzen ist. Zwischen dem „Führer aus Gefälligkeit“ und dem Begleiter besteht ein „Über- bzw. Unterordnungsverhältnis“;

- der Führer verfügt über deutlich mehr alpine Erfahrung oder Können;
- dem Führer kommt die Entscheidungskompetenz über den Routenverlauf, die verwendeten Materialien und Sicherungstechniken zu;
- er entscheidet über Fortführung oder Abbruch der Tour;
- er verfügt über ausgeprägte Gebietskenntnis oder organisiert die Bergfahrt entsprechend.

Auch der Führer aus Gefälligkeit haftet natürlich nicht bei jedem Unfall, sondern auch dessen Haftung ist nur unter den (oben angeführten) zivilrechtlichen Voraussetzungen gegeben. Haftungen können unter anderem dann schlagend werden, wenn der Führer aus Gefälligkeit:

- die erforderliche Aufklärung unterlässt
- Gefahren verschweigt oder verheimlicht und dadurch den Gefährten zur Tour überredet,
- die Sorgfalt vermissen lässt, die einem vergleichbaren Alpinisten zumutbar und möglich ist.

Grundsätzlich stellten die Höchstrichter fest, dass eine *übertriebene Sorgfaltspflicht dem Bergsteigen nicht nur wesensfremd sei,* sondern auch den Erfahrungen des täglichen Lebens widerspreche. Unter Bedachtnahme auf die erforderliche Eigenverantwortung könne der Geübtere nicht schon alleine deshalb verantwortlich gemacht werden, weil er die Führung übernommen, das Unternehmen geplant oder die Route ausfindig gemacht habe. Anderes gelte jedoch wenn jemand die Führung aus Gefälligkeit übernehme aber seinem Partner später auftretende – für diesen nicht erkennbare – Gefahren verschweige oder diesen zur Tour überrede, indem er die Gefährlichkeit verniedlicht oder verschweigt.[112]

[112] A.a.O.

Natürlich kann die Frage, welche Sicherheitsvorkehrungen zu treffen, welche Ausrüstungsgegenstände zu verwenden sind und welche Route zu wählen ist, nicht generell beantwortet werden, hier ist von der jeweils konkreten Situation auszugehen.

VIII. Versicherungen

A. Allgemeines

Die Folgen eines Kletterunfalls sind meistens schwerwiegender Natur und ziehen erhöhte medizinische Kosten nach sich. In diesem Zusammenhang ist eine wesentliche Frage, wer für diese erhöhten Kosten aufzukommen und einzustehen hat. Einerseits geht es um Ansprüche, die der Verletzte an den Beklagten stellt (z.B. Schmerzengeld, Verdienstentgang, Adaptierung der Wohnmöglichkeit, behindertengerechte Fortbewegungsmittel, Heilbehelfe, Therapien und anders mehr), andererseits um Kosten allfälliger Straf- und Zivilverfahren. Bei Kletterunfällen kommt es besonders häufig zu Verletzungen an der Wirbelsäule, wobei teilweise bzw. endgültige Querschnittslähmungen zu den schlimmsten Dauerfolgen zählen. Bei Querschnittslähmungen ist mit lebenslangen erhöhten Kosten zu rechnen, welche naturgemäß eingebracht und bezahlt werden wollen. Mit erhöhten Kosten ist insbesondere bei Kosten für einen Krankenhausaufenthalt, Therapie, Rollstuhl, Adaptierung der Wohnung, Verdienstentgang, Schmerzengeld, Folgeoperationen, Haushaltshilfe, Pflegepersonal, um nur einige Beispiele zu nennen, zu rechnen.

Sozialversicherungsträger, die Leistungen für den Verletzten erbracht haben, können ebenfalls Regressansprüche gegen den (fehlerhaft) Sichernden stellen, wenn sie Leistungen für den Verletzten erbracht haben.

Unabhängig von der Versicherungsmöglichkeit über einen der nachgenannten alpinen Vereine besteht natürlich die Möglichkeit, sich freiwillig bei einer Versicherungsgesellschaft privat Haftpflicht zu versichern. Fallweise ist eine **Privathaftpflichtversicherung** in einer Haushaltsversicherung inkludiert. Aufgrund der Versicherungsbedingungen ist in diesem Fall jedoch abzuklären, ab welchem Alter Personen, die im gleichen Haushalt mit dem Versicherungsnehmer leben, nicht mehr vom Versicherungsschutz umfasst sind.

Sollte die Risikosportart Klettern ausgeübt werden, ist es unbedingt erforderlich, für den Ernstfall eine Vorsorge im Rahmen einer Haftpflicht-, Unfall- und allenfalls Rechtschutzversicherung getroffen zu haben.

B. Unfallversicherung

Die Unfallversicherung kann bei Unfällen, die dem Versicherungsnehmer zustoßen (oder bei Unfällen, die einer anderen Person zustoßen) in Anspruch genommen werden (gemäß § 179 VersVG). Der Versicherer ist von der Verpflichtung zur Leistung frei, wenn der von dem Unfall Betroffene den Unfall vorsätzlich herbeigeführt hat.

Ein Unfall liegt bei einem Vorfall vor, der vom Versicherungsnehmer zunächst gewollt begonnen hat und sich anschließend durch einen unerwarteten Verlauf der Kontrolle entzieht. Es liegt kein Unfall vor, wenn der Versicherte eine Sportart auf eine Weise betreibt, bei welcher der Eintritt der Verletzung höchstwahrscheinlich ist. Teilweise gibt es Versicherungen, die das Sportklettern ab einem gewissen Schwierigkeitsgrad von den versicherbaren Umständen ausnehmen.

Die Unfallversicherung des Verletzten übernimmt z.B. keine Kosten für Schmerzengeld oder Verdienstentgang. Dieses muss vom Beklagten oder von dessen Haftpflichtversicherung gefordert werden. Die Unfallversicherung kann sich darüber hinaus jene Kosten, die sie dem Verletzten beglichen hat, bei der gegnerischen Haftpflichtversicherung regressieren, d.h. zurückfordern. Übersteigen diese zurückzufordernden Beträge die Deckungssumme der Haftpflichtversicherung des Beklagten, so kann die Unfallversicherung auf den (fehlerhaft) sichernden Sicherungspartner und dessen allfällige Privathaftpflichtversicherung zurückgreifen. Besteht keine Haftpflichtversicherung, kann sofort auf das Privatvermögen des Beklagten gegriffen werden.

C. Haftpflichtversicherung

Der Versicherer ist bei einer Haftpflichtversicherung verpflichtet, dem Versicherungsnehmer die Leistung zu ersetzen, die dieser (der Versicherungsnehmer) aufgrund seiner Verantwortlichkeit für eine während der Versicherungszeit eintretende Tatsache an einen Dritten zu leisten hat (§ 149 VersVG). Der Versicherer haftet jedoch nicht, wenn der Versicherungsnehmer den Schaden vorsätzlich und widerrechtlich herbeigeführt hat.

Ist der Versicherer von der Verpflichtung zur Leistung dem Versicherungsnehmer gegenüber ganz oder teilweise frei weil dieser zum Beispiel ihn aus dem Versicherungsvertrag treffende Pflichten verletzt oder er vorsätzlich gehandelt hat, so bleibt gleichwohl seine Verpflichtung gegenüber Dritten – also einer vom Versicherungsnehmer verschiedenen Person - bestehen (§ 158s VersVG). Soweit der Versicherer den Dritten nach § 158c VersVG befriedigt hat, geht die Forderung des Dritten gegen den Versicherungsnehmer auf ihn über (§ 158f VersVG).

D. Rechtschutzversicherung

Der Versicherer sorgt bei der Rechtschutzversicherung für die Wahrnehmung der rechtlichen Interessen des Versicherungsnehmers in den im Vertrag umschriebenen Bereichen und trägt die dem Versicherungsnehmer dabei entstehenden Kosten (§ 158j VersVG). Wenn sich aus dem Vertrag nichts anderes ergibt, umfasst die Versicherung sowohl die Wahrnehmung der Interessen in einem gerichtlichen oder sonstigen behördlichen Verfahren als auch außerhalb eines solchen.

Im Rahmen einer Rechtschutzversicherung werden zwar die Kosten eines allfälligen Verfahrens gedeckt, jedoch wird die verhängte Geldstrafe (nach einem Schuldspruch im Strafverfahren oder aufgrund einer Diversion) nicht übernommen.

Unfallversicherung: keine Kosten für Schmerzengeld oder Verdienstentgang.
Haftpflichtversicherung: Schadenersatz gegenüber einem Dritten.
Rechtschutzversicherung: rechtliche Vertretung vor Gericht und außergerichtlich.

E. Versicherungen für Mitglieder Alpiner Vereine

1. Österreichischer Alpenverein[113]

Mitglieder des Österreichischen Alpenvereins sind sowohl haftpflichtversichert als auch rechtschutzversichert. Die Versicherungsbedingun-

113 Aus: Alpenverein-Weltweit-Service, www.alpenverein.at.

gen sowie Versicherungsausschlüsse können dem Alpenverein-Weltweit-Service entnommen werden. Bei der Unfallversicherung werden Bergungskosten bis € 22.000,– pro Person und Versicherungsfall, der Rückholdienst aus dem Ausland ohne Summenbegrenzung, Verlegungskosten von Verletzten/Erkrankten und Überführungskosten von Toten im Inland ohne Summenbegrenzung (wenn eine Bergung vorausgegangen ist) sowie bis zu € 7.500,– im Ausland für medizinisch notwendige Heilbehandlungen (inkl. des medizinisch notwendigen Transportes ins Krankenhaus) übernommen. Die Versicherungssummen betragen bei der Haftpflichtversicherung (in Dezember 2007) bis € 2.180.186,00 und bei der Rechtschutzversicherung (Stand Dezember 2007) bis zu € 32.703,00. Gedeckt sind in diesem Zusammenhang Schadenersatzverpflichtungen für Personenschäden und Sachschäden, Anwalts- und Gerichtskosten für die Durchsetzung von Schadenersatzansprüchen gegen einen Schädiger und dessen Haftpflichtversicherer. Ebenfalls gedeckt ist die Verteidigung bei Gericht gegen den Vorwurf einer fahrlässigen Verletzung der Strafvorschriften (z.B. fahrlässige Körperverletzung). Der Versicherungsschutz erstreckt sich explizit auch auf die Ausübung privater Sportarten wie z.B. Klettern. Der örtliche Versicherungsschutz ergibt sich aus den Versicherungsbedingungen und erstreckt sich auf Europa inklusive der Mittelmeerinseln. Die örtlichen Ausnahmen sind den Bedingungen zu entnehmen. In den Versicherungsbedingungen ist aufgelistet, dass die Schadenersatzverpflichtungen den in- und ausländischen Mitgliedern aus ihrer Vereinstätigkeit entstanden sein müssen. Unter Vereinstätigkeit wird ausdrücklich die Ausübung (auch privater, außerhalb von Sektionsveranstaltungen stattfindenden) Sportarten wie Klettern verstanden. Der Versicherungsschutz ist aufrecht, sofern der laufende Mitgliedsbeitrag vor dem Schadensereignis für die laufende Versicherungsperiode bezahlt wurde. Beitragsfreie Mitglieder wie Kinder und Jugendliche ohne Einkommen bis maximal 27 Jahre, deren beiden Elternteile (bei Alleinerziehern ein Elternteil) Mitglieder des Österreichischen Alpenvereins sind, sind vollversichert, sofern sie beim Verein gemeldet sind und damit eine gültige Mitgliedskarte besitzen.

Der Versicherungsschutz des Österreichischen Alpenvereins besteht subsidiär. Dies bedeutet, dass Leistungen nur dann und in jenem Ausmaß erbracht werden, wenn nicht eine andere Versicherung (z.B. Sozialversicherer, Privatversicherer) Leistungen zu erbringen hat oder tatsächlich erbringt. Sollte daher ein Mitglied des Österreichischen

Alpenvereins eine entsprechende Haushalts-, Haftpflicht- oder Rechtschutzversicherung bei einem anderen Versicherer abgeschlossen haben, so hat sich zuallererst dieser Versicherer mit der Schadensregulierung zu befassen. Übersteigt die Schadenshöhe die Versicherungssumme bei diesem Versicherer, kommt anschließend die Versicherung im Rahmen des Österreichischen Alpenvereins zum Tragen. Besitzt das Mitglied des Österreichischen Alpenvereins keine anderen Versicherungen, wird von Anfang an die Versicherung des Österreichischen Alpenvereins herangezogen.

2. Naturfreunde[114]

Mitglieder der Naturfreunde sind sowohl haftpflichtversichert als auch unfallversichert. Die Versicherungsbedingungen und Ausschlüsse können von der Homepage entnommen werden. Die Versicherungssumme bei der Haftpflichtversicherung beträgt € 2.500.000,–. Gedeckt sind gesetzliche Haftpflichtansprüche privatrechtlichen Inhaltes, die durch die Ausübung der Vereinstätigkeit a) an die Naturfreunde oder an deren Vereinsfunktionäre b) an die Mitglieder aus Anlass ihrer Betätigung im Vereinsverband bzw. aus der Ausübung aller Sportarten einschließlich Teilnahme an Preis- und Wettbewerbsveranstaltungen gestellt werden sollen. Versicherungsausschlüsse können ebenfalls der Homepage entnommen werden.

Der Versicherungsschutz bei der Unfallversicherung erstreckt sich auf Freizeitunfälle bei der Ausübung von in Österreich üblichen Sportarten. Dabei sind Bergungs- und Rückholkosten bis zu € 22.000,– sowie Leistungen bei dauernder Invalidität bis zu € 19.000, – umfasst.

Möglichkeiten für eine Rechtschutzversicherung gibt es bei den Naturfreunden nicht.

Der örtliche Versicherungsschutz ergibt sich aus den Versicherungsbedingungen und erstreckt sich auf Europa sowie die angrenzenden Mittelmeerstaaten.

Der Versicherungsschutz der Naturfreunde besteht ebenfalls subsidiär (siehe die diesbezüglichen Erläuterungen zum Österreichischen Alpenverein).

114 Aus: Alpenverein-Weltweit-Service, www.alpenverein.at.

3. Deutscher Alpenverein[115]

Als Mitglied des Deutschen Alpenvereins (DAV) kommt man automatisch in den Genuss einer Sport-Haftpflicht-Versicherung, die gesetzliche Haftpflichtansprüche aus Personenschäden bis € 1.500.000,00 oder aus Sachschäden mit bis zu € 150.000,00 absichert. Details können dem entsprechenden Versicherungsfolder auf der Homepage entnommen werden. Eine Rechtschutzversicherung für jedes Mitglied des DAV besteht nicht.

4. Schweizer Alpenclub SAC-CAS

Der Schweizer Alpenclub SAC-CAS bietet seinen Mitgliedern keinen Versicherungsschutz an, arbeitet jedoch mit einigen Versicherungsanstalten zusammen und vermittelt entsprechende Produkte.

5. Förderungsmodell der Bergrettung

Über das Fördermodell der Bergrettung wird für einen Jahresbeitrag von € 22,– eine Versicherung für die gesamte Familie (Kinder bis zum 18. Lebensjahr) bzw. Lebensgefährten im gleichen Haushalt im Rahmen einer Unfallversicherung bei Bergsportunfällen abgeschlossen. Die Gesamtsumme beträgt dabei € 15.000,–.

6. Bergführer

Für Bergführer bestehen je nach Zugehörigkeit zu den verschiedenen Landesverbänden unterschiedliche Versicherungsmöglichkeiten. Zumeist kann eine Rechtschutz- bzw. Haftpflichtversicherung über den jeweiligen Landesverband abgeschlossen werden. Dasselbe gilt für die Unfallversicherung. Eine Erhöhung der Versicherungssummen ist meistens möglich.

Die detaillierten Versicherungsbedingungen inkl. der Versicherungssummen können über den zuständigen Landesverband in Erfahrung gebracht werden.

Umfasst sind meistens entgeltliche sowie auch unentgeltliche Tätigkeiten des Bergführers.

[115] Aus: Alpenverein-Weltweit-Service, www.alpenverein.at.

IX. Judikatur

A. Errichtung von Kletterrouten auf fremdem Grund

Schlagworte: **Einbringen von Bohrhaken, Zustimmung des Grundeigentümers, professionelle Erschließung einer Felswand, Beschilderung von Kletterrouten, Veröffentlichung in Kletterführern und im Internet**

Entscheidung: **Zivilverfahren**

Landesgericht Salzburg	9 Cg 168/04p	06.06.2005
Oberlandesgericht Linz	4 R 185/05m	24.01.2006
Oberster Gerichtshof	7 Ob 63/06z	29.03.2006

Das Landesgericht Salzburg befasste sich 2004 mit der Klage zweier Grundstückseigentümer am Wirreck, die sich gegen die Einrichtung von 44 Kletterrouten auf ihrem Grundstück zur Wehr setzten.

Der Beklagte kletterte seit 1995 an der besagten Wand und richtete dort im Lauf der Jahre 44 Kletterrouten mit 41 verschiedenen Zustiegen ein. Er brachte ca. 500 Bohrhaken an, 13 Kletterrouten wurden durch Beschriftung der Felswand oder durch die Anbringung von Holztäfelchen markiert. Die Touren wurden in einem Kletterführer und im Internet – ohne dass der Errichter dafür ein Entgelt erhalten hätte – publiziert.

Die Kläger brachten in ihrer Klage vor, dass der Beklagte durch seine unberechtigten Eingriffe ihr Eigentum störe und erhoben Eigentumsfreiheitsklage nach § 523 ABGB. Der Beklagte anerkannte das Feststellungs-, Beseitigungs- und Unterlassungsbegehren hinsichtlich der Markierung und Veröffentlichung im Internet, berief sich aber im Übrigen auf sein Betretungsrecht nach § 33 Abs. 1 ForstG.

Verfahrensablauf:

Das Landesgericht Salzburg gab der Eigentumsfreiheitsklage hinsichtlich der Markierung der Klettersteige (richtig: Kletterrouten) und der

Veröffentlichung im Internet statt, wies jedoch das weitere Klagebegehren auf Entfernung der Bohrhaken und Unterlassung der Errichtung weiterer mit Bohrhaken gesicherter Klettersteige (richtig: Kletterrouten) ab. Das Erstgericht vertrat die Ansicht, dass die routenmäßige Erschließung einer Felswand und das Befestigen von Bohrhaken durch das in § 33 Abs. 1 ForstG normierte Recht gedeckt seien, den Wald zu Erholungszwecken betreten zu dürfen. Die eingebrachten Bohrhaken würden einen völlig unbedeutenden Eingriff in die Substanz des Eigentums der Kläger darstellen, sei doch die Felswand für die Kläger nicht nutzbar. Die Haken könnten die Kläger weder optisch noch sonst stören. Gegen diesen klagsabweisenden Teil richtete sich die Berufung der Kläger an das OLG Linz.

Das OLG Linz gab der Berufung der Kläger statt und änderte das Urteil des Landesgerichtes Salzburg dahingehend ab, dass der Beklagte sämtliche Bohrhaken entfernen muss und es weiter zu unterlassen hat, mit Bohrhaken gesicherte Klettersteige (richtig: Kletterrouten) auf dem Grundstück der Kläger zu errichten oder errichten zu lassen.

In seiner Begründung legte das OLG Linz dar, dass die Kläger dem Beklagten nicht erlaubt hätten Kletterrouten anzulegen und Bohrhaken einzuschlagen. Dass die Grundeigentümer die – unzulässige – Benützung des Waldes duldeten, reiche nicht aus; die über § 33 Abs. 1 ForstG hinausgehende Benützung des Waldes bedürfe für die Zustimmung einer positiven Willenserklärung des Waldeigentümers. Das Anbringen von 44 Kletterrouten und 500 Bohrhaken bedeute nicht nur einen dauerhaften Eingriff in die Substanz, sondern ermögliche oder erleichtere auch anderen die Benützung dieser Routen und dies sei vom Betretungsrecht des § 33 Abs. 1 ForstG nicht mehr umfasst. Die Einrichtung der Routen und die Beschreibung im Internet und in einem Kletterführer seien geeignet, die Benützung des Waldes durch Kletterer zu erhöhen, die ohne Vorhandensein von Kletterrouten mit fixen Bohrhaken in diesem Gebiet keine Klettertouren unternehmen würden. Darin liege auch der Unterschied zu einer Einzelperson, die im Wald klettere und Bohrhaken anbringe. Die professionelle Aufbereitung einer Felswand löse ein größeres Interesse von Kletterern an dieser Route aus. Diese Form der Benützung des Waldes erreiche aber die Intensität der in § 33 Abs. 3 ForstG aufgezählten zustimmungsbedürftigen Benützungsarten.

Zur Zulässigkeit der Anrufung des Obersten Gerichtshofes führte das OLG Linz aus, dass eine höchstrichterliche Rechtsprechung zur Rechtsfrage, ob das Felsklettern mittels Anbringung von Bohrhaken unter die Legalservitut des § 33 Abs. 1 ForstG falle, nicht vorliege, dies aber im gegenständlichen Fall ohne Bedeutung sei, weil das Einrichten von 44 Kletterrouten mit 500 Bohrhaken jedenfalls der Zustimmung des Waldeigentümers bedürfe.

Die gegen die Entscheidung des OLG Linz erhobene außerordentliche Revision wies der OGH mangels Voraussetzungen des § 502 (1) ZPO bereits in nichtöffentlicher Sitzung zurück und führte aus, dass die Klärung der Frage, ob das Klettern mittels Einbringen von Bohrhaken unter die Legalservitut des § 33 Abs. 1 ForstG falle, im konkreten Fall nicht zu beurteilen sei, da die Einrichtung von 44 Kletterrouten mit 500 Bohrhaken jedenfalls der Zustimmung des Grundeigentümers bedürfe.

B. Mizzi-Langer-Urteil

Schlagworte: **Haftung des Grundeigentümers, Verkehrssicherungspflicht, gewachsener Klettergarten, Veröffentlichung von Routen, Betretungsrecht**

Entscheidung: **Zivilverfahren**

Landesgericht Wien	5 Cg 186/02p	12.5.2003
Oberlandesgericht Wien	12 R 144/03d	23.10.2003
Oberster Gerichtshof	1 Ob 300/03d	10.2.2004

Dem hier geschilderten Rechtsstreit lag ein Unfall im Juni 2002 zugrunde. Der Kläger, der eine bereits fünfjährige Klettererfahrung aufwies, kletterte in der „Mizzi-Langer-Wand“, einem Felsen, der bereits seit Jahrzehnten von Kletterern benützt wird. Im Laufe der Jahre wurden von verschiedenen Kletterern Haken angebracht und entstand eine Vielzahl von Routen. Beim Abseilen aus einer dieser Routen brach ein Haken aus, in den sich der Kläger eingehängt hatte. Der Kläger stürzte etwa 10m ab und zog sich schwere Verletzungen zu. Ursache des Unfalls war offenkundig ein Versagen des Klebers, mit dem der Haken eingebracht worden war.

Die „Mizzi-Langer-Wand“ liegt im Wienerwald und ist für jedermann frei zugänglich. Sowohl in Kletterführern als auch im Internet wird sie als Klettergarten beschrieben, wobei sich vor Ort weder Hinweis-, noch Verbotstafeln befanden. Die Beklagte war weder Autorin der Beschreibungen, noch waren sie ihr bekannt, sondern sie war die Eigentümerin der Liegenschaft. Die Wand wird weder von einem alpinen Verein, noch von der Beklagten in irgendeiner Weise betreut, auch zieht die Beklagte in keinerlei Weise Nutzen aus der Kletterei in dieser Wand und benützt diese auch nicht selbst.

Verfahrensablauf:

Der Kläger begehrte die Bezahlung eines Betrages von € 19.800,– als Schmerzengeld, Verdienstentgangs- und Pflegeaufwandersatz. Weiters begehrte er die Feststellung, dass die Beklagte für sämtliche zukünftige, derzeit nicht bekannte Schäden aus dem Kletterunfall vom 8.6.2002 hafte. Der Kläger stützte sein Begehren darauf, dass es die Beklagte unterlassen habe, dritten Personen das Anbringen von Bohrhaken zu untersagen bzw. gesetzte Bohrhaken zu kontrollieren. Weiters habe sie keine Verbotsschilder aufgestellt, weshalb sie die ihr zumutbare Verkehrssicherungspflicht gröblich verletzt habe.

Die Beklagte beantragte die Klagsabweisung und brachte vor, dass die Felswand bereits zu Kletterzwecken benützt worden sei, bevor sie selbst die Liegenschaft erwarb, sie keinen Nutzen aus der Verwendung des Kletterfelsens zog, ihr nicht bewusst war, dass der Felsen als Klettergarten in Führern und im Internet beworben wurde und es ihr nicht möglich gewesen wäre, die Verwendung des Kletterfelsens zu unterbinden, da dieser im Wald liege, daher der Zutritt zum Felsen jedermann gestattet sei. Die Kontrolle der Haken sei im Übrigen nicht möglich und nicht zumutbar, jeder Kletterer handle in eigener Verantwortung und müsse die Haken vor Verwendung selbst kontrollieren.

Das Landesgericht Wien und das Oberlandesgericht Wien wiesen das Klagebegehren ab. Beide Instanzen kamen zum Ergebnis, dass die Beklagte im Hinblick auf die Legalservitut des § 33 ForstG gar nicht berechtigt gewesen wäre, das Beklettern der Felswand sowie das Anbringen von Bohrhaken zu untersagen. Gemäß § 33 ForstG dürfe jeder den Wald zu Erholungszwecken betreten, davon sei auch das Klettern samt Anbringen von Bohrhaken erfasst. Die Beklagte wäre als Grundeigentümerin auch nicht verpflichtet gewesen, den Zustand der Felswand (gemeint der Sicherungseinrichtungen in dieser) zu überprüfen. Das OLG Wien erklärte die ordentliche Revision gegen diese Entscheidung für nicht zulässig.

Der Oberste Gerichtshof wies die außerordentliche Revision mangels Voraussetzungen des § 502 (1) ZPO (kein Vorliegen einer wesentlichen Rechtsfrage) zurück. Dem Kläger wurde zugestanden, dass es seinerzeit noch keine Judikatur des Höchstgerichtes zur Definition des Waldbegriffes i.S.d. § 1a ForstG und der damit verbundenen Frage, ob Klettern in von Wald umgebenen Felsen von der Legalservitut des § 33 ForstG umfasst sei, vorlag. Der Kläger habe auch zutreffend geltend gemacht, dass derjenige, der eine Gefahrenquelle schaffe oder die Schaffung einer Gefahrenquelle zulasse, nach den Richtlinien des OGH dafür zu sorgen habe, dass anderen kein Schaden entsteht und deshalb entsprechende Vorkehrungen treffen müsse.

Diesen Einwänden hielt der OGH entgegen, dass der konkrete Inhalt von Verkehrssicherungspflichten und die Zumutbarkeit geeigneter Vorkehrungen gegen einen Schadenseintritt stets nach den besonderen Umständen des jeweiligen Falles zu beurteilen wären. Die dem Kläger zum Verhängnis gewordene Gefahrenquelle sei nicht von der Beklagten geschaffen worden. Die Beklagte könne daher (bei Bestehen einer entsprechenden Verpflichtung) nur dann zur Haftung herangezogen werden, wenn ihr – angesichts des Fehlens von Verbots- oder Warnschildern – vorzuwerfen wäre, sie habe die Bohrhaken in der Wand, deren Anbringung sie geduldet habe, nicht laufend auf deren Tragfähigkeit überprüft, um sie im Falle der Lockerung wieder zu sichern oder zu entfernen. In der Felswand werde der Klettersport aber seit vielen Jahren ausgeübt, die Beklagte habe die Felswand nicht für eigene Zwecke benutzt, keinen Vorteil aus der Kletterei gezogen und habe auch die Beschreibung als Klettergarten nicht publiziert.

Der Kläger habe sich also von vornherein nicht darauf verlassen dürfen, dass er sich an einer von der Beklagten gesicherten Felswand abseile. Der Zustand der Kletterrouten samt Aufstiegs- und Abseilhilfen sei für jeden Kletterer erkennbar gewesen. Verfüge der Kletterer über keine verlässliche Kenntnis, dass er in einer von einem bestimmten Betreiber gesicherten und betreuten Klettergarten einsteige, dürfe er sich nicht auf die Tragfähigkeit der Bohrhaken verlassen, *ohne sie einer eigenen Festigkeitsprüfung zu unterziehen.*

Der Kläger dürfe sich auch nicht erwarten, dass der Grundeigentümer, der nicht gegen den Gebrauch seines Eigentums durch allenfalls Unberechtigte einschreite, schon bereits deshalb Sicherungsvorkehrungen treffen müsse. Sofern der Grundeigentümer *nicht aus bestimmten*, für jeden Kletterer naheliegenden und verlässlich erkennbaren *Gründen eine Rechtspflicht treffe, vor den durch Dritte geschaffenen Gefahren zu warnen oder diese zu beseitigen, hafte dieser nicht.* Diese Voraussetzungen lagen aber nicht vor, da die Beklagte vom Einbringen der Bohrhaken keine Kenntnis hatte, das Einbringen der Bohrhaken im Hinblick auf die Bestimmung des § 33 ForstG nicht hätte verhindern können, keinen Vorteil aus der Kletterei auf ihrem Grund zog und auch die Routen nicht publizierte. Das Klagebegehren wurde daher rechtskräftig abgewiesen.

Ein richtungsweisendes und erfreuliches Urteil im Hinblick auf das Vorliegen von Eigenverantwortung und das Bestehen von Betretungsrechten!

C. Piz-Buin-Urteil

***Schlagworte:* Führer aus Gefälligkeit**

***Entscheidung:* Zivilverfahren**

Bezirksgericht Dornbirn	2 C 1698/95t	18.2.1997
Landesgericht Feldkirch	2 R 143/97p	30.6.1998
Oberster Gerichtshof	1 Ob 293/98i	30.10.1998

Das im Folgenden geschilderte Urteil bildete die wesentliche Grundlage für die Definition des Führers aus Gefälligkeit.

Im Jahr 1994 unternahmen der Kläger und der Beklagte eine Tour auf den Piz Buin, bei der der Kläger beim Abstieg unterhalb des „Wiesbadner Grätles" beim Queren eines steilen Schneefeldes ausrutschte und rund 100m abstürzte. Der Beklagte war bereits zuvor sieben Mal auf dem Piz Buin, er wies Kletter- und Gletschererfahrung auf und verfügte auch über Erfahrung mit dem Umgang von Steigeisen. Er hatte über keine Ausbildung in der Seilsicherung verfügt, jedoch mehrfach Kameraden mit dem Seil gesichert. Der Kläger wies keine alpine Erfahrung auf, sondern unternahm bis zu diesem Zeitpunkt in erster Linie Bergwanderungen.

Der Beklagte bot dem Kläger an, diesen auf den Piz Buin mitzunehmen und auch die erforderliche Ausrüstung zu besorgen. Der Kläger teilte dem Beklagten mit, dass er weder über Kletter- noch über Gletschererfahrung verfüge. Der Beklagte wiederum besorgte ein Paar Steigeisen, einen Pickel und ein Seil. Aus den zwei Paaren Schuhen, die der Kläger mitbrachte, wählte der Beklagte eines aus.

Der Aufstieg auf den Piz Buin, einer grundsätzlich leichteren Tour, bei der an einigen Stellen aber durchaus Absturzgefahr besteht, gelang Kläger und Beklagtem ohne Probleme, wobei auch die spätere Absturzstelle passiert wurde. Sowohl beim Auf- als auch beim Abstieg leistete der Beklagte dem Kläger mehrfach Hilfe. Vor der Absturzstelle legte sich der (über mehr alpine Erfahrung verfügende) Beklagte Steigeisen an und übergab dem Kläger den Pickel. Eine Seilsicherung wurde vom Beklagten nicht gelegt. Der Kläger äußerte noch Bedenken, da er über keine Steigeisen verfügte, wurde aber vom Beklagten aufgefordert, voranzugehen. Der Beklagte vermittelte dem Kläger den Eindruck die Stelle sei mehr oder weniger gefahrlos zu passieren, verschwieg diesem gegenüber also die tatsächliche Gefährlichkeit dieser Passage. Die Verwendung einer Seilsicherung wäre in dieser Situation die einzige Möglichkeit gewesen, den Absturz zu verhindern.

Der Beklagte wandte im Verfahren noch ein, er sei bereits seit mehreren Jahren vor dem Unfall nicht mehr als Bergsteiger unterwegs gewesen und habe auch keine Garantenstellung übernehmen wollen.

Verfahrensablauf:

Im ersten Rechtsgang wiesen sowohl das Bezirksgericht Dornbirn als auch das Landesgericht Feldkirch die Klage ab. Das Erstgericht führte aus dass der Kläger nicht als faktischer Führer zu betrachten sei, das Berufungsgericht bestätigte diese Entscheidung und führte aus, dass der Beklagte selbst dann nicht zu haften habe, wenn er als faktischer Führer zu betrachten wäre, da dem Kläger die Gefährlichkeit der Absturzstelle bekannt gewesen sei. Die Revision gegen dieses Urteil wurde vom LG Feldkirch zugelassen. Der Oberste Gerichtshof gab der Revision gegen das Urteil des LG Feldkirch Folge und verweise die Rechtssache zur neuerlichen Verhandlung und Entscheidung an das Gericht zweiter Instanz zurück.

Im zweiten Rechtsgang fällte das Berufungsgericht nach Beweisergänzung bzw. Beweiswiederholung ein Zwischenurteil, in dem die Haftung dem Grunde nach bejaht wurde. Der Beklagte sei als „Führer aus Gefälligkeit“ anzusehen, da er sich um die Ausrüstung des Klägers gekümmert, das Schuhmaterial ausgewählt habe, vorausgegangen und dem Kläger den Weg gezeigt und diesen auch beim Klettern unterstützt habe. Wenngleich nicht derselbe Sorgfaltsmaßstab wie bei einem professionellen Bergführer anzuwenden sei, sei der Beklagte doch faktischer Führer gewesen und müsse daher jene Sorgfalt von ihm erwartet werden, wie sie dem einem beruflichen Bergführer vergleichbaren Alpinisten bei der Führung objektiv zuzumuten sei.

Der Oberste Gerichtshof gab der gegen diese Entscheidung wiederum erhobenen Revision keine Folge und bejahte die Haftung des Beklagten. Der Beklagte habe dem Kläger bei der Tour mehrfach Hilfestellung gewährt und habe daher gegenüber dem Kläger eine „Garantenstellung" inne. Soweit der Beklagte ausführte, er sei seit mehreren Jahren nicht mehr als Bergsteiger unterwegs gewesen, wäre dem entgegenzuhalten, dass er diesfalls umso weniger berechtigt gewesen wäre, die faktische Führung zu übernehmen. Im Hinblick auf die vom Beklagten zu erwartende (und vom Kläger auch tatsächlich erwartete) Sachkenntnis hätte der Beklagte vor Querung des Schneefeldes die erforderlichen Sicherheitsvorkehrungen treffen müssen. Vielmehr habe er aber dem Kläger gegenüber behauptet, der Abstieg über das Schneefeld sei nahezu ungefährlich.

Grundsätzlich stellten die Höchstrichter fest, dass eine *übertriebene Sorgfaltspflicht dem Bergsteigen nicht nur wesensfremd sei,* sondern auch den Erfahrungen des täglichen Lebens widerspreche. Unter Bedachtnahme auf die erforderliche Eigenverantwortung könne der Geübtere nicht schon alleine deshalb verantwortlich gemacht werden, weil er die Führung übernommen, das Unternehmen geplant oder die Route ausfindig gemacht habe. Im gegenständlichen Fall habe der Beklagte die Rolle eines *faktischen Führers* ausgeübt, da er über mehr alpine Ausbildung und ausgeprägte Gebietskenntnis verfügte, im Unfallbereich auch tatsächlich seine Führungsrolle ausübte und einen Unerfahrenen zur Tour animierte. Auch habe er von Anfang an klargestellt, dass er Initiator der Tour sei und deren Ablauf anleitete und betreute, also zur Führung bereit sei.

D. Keine Kontaktaufnahme vor dem Abseilen

Schlagworte: **Vorsteiger setzte sich ohne Kontakt aufzunehmen ins Seil. Sichernder war im Gespräch mit Nachbarseilschaft. Die Sicherung konnte nicht mehr blockiert werden. Sturz aus 11 m auf den Boden.**

Entscheidung: **Strafverfahren**

Bezirksgericht Innsbruck	7 U 75/07p	25.04.2007
Landesgericht Innsbruck	21 Bl 278/07a	2.10.2007

Der Unfall ereignete sich in einer Kletterhalle. Der Vorsteiger kletterte eine Route im Schwierigkeitsgrad 4+/5–. Der Vorsteiger klettert seit ca. einem Jahr mit Seilsicherung in Klettergärten und in der Halle. Er verfügt über keine einschlägige Ausbildung durch eine alpine Institution. Der Sichernde klettert seit mehreren Jahren und hat bereits in der Schule einen Kletterkurs besucht. Ein Partnercheck wurde vor dem Klettern durchgeführt. Als der Vorsteiger beim Top angelangt war, hängte er das Seil in den Umlenkkarabiner ein und setzte sich ins Seil, ohne mit dem Sichernden verbal oder sonst Kontakt aufzunehmen. Laut eigenen Angaben befand sich der Sichernde im Gespräch mit einer neben ihm befindlichen Seilschaft. Er spürte einen leichten Zug am Seil, dachte dass der Vorsteiger Seil benötige und löste die Sicherung um Seil auszugeben. Dabei blickte er nicht nach oben zum Vorsteiger. Der Sichernde befand sich laut eigenen Angaben im Gespräch mit einer Nachbarseilschaft und hatte keinen Blickkontakt zum Vorsteiger. In weiterer Folge riss es dem Sichernden das Seil durch die Hände. Er konnte die Sicherung nicht mehr blockieren. Der Vorsteiger fiel aus einer Höhe von ca. 11 Metern auf den Boden.

Der Unfall wurde von einem Beamten der Alpinpolizei aufgenommen. Dabei wurde insbesondere das verwendete Klettermaterial (Gurt, Sicherungsgerät, Seil) erhoben sowie Fotos angefertigt. Es wurde ein Sicherungsgerät der Marke Tuber, Black Diamond ATC XP verwendet. Das Gerät wies keine besonderen Abnützungen oder Mängel auf. Das verwendete Seil war ein Einfachseil, Länge 50 m, Durchmesser 11 mm. Das Seil wies keine Spuren einer thermischen Beanspruchung – Hitzeeinwirkung – auf. Der Vorsteiger erlitt eine schwere Körperverletzung nämlich Verletzungen an den Sprunggelenken, Bruch des Lendenwirbels samt partieller Querschnittslähmung (Dauerschaden). Die (Sicherungs-)Verletzungen des Sichernden wurden ebenfalls aufgenommen. Der Sichernde hatte keine Brandspuren bzw. Verletzungen an seinen Händen. Zu einem späteren Zeitpunkt wurde ergänzend eine Nachstellung des Unfallgeschehens mit der Sichernden in der Kletterhalle vorgenommen und durch Lichtbilder dokumentiert.

Verfahrensablauf:

Dem Sichernden wurde von der Staatsanwaltschaft Innsbruck vorgeworfen, das Vergehen der fahrlässigen schweren Körperverletzung begangen zu haben.

Es folgte ein Strafverfahren vor dem Bezirksgericht Innsbruck. Der Sichernde bekannte sich mitschuldig am Unfall und gab an, dass seine Haftpflichtversicherung eine Haftungserklärung in Höhe von 50 % (das bedeutet Verschuldensteilung 1 : 1) abgegeben habe. Der Vorsteiger begehrte vorerst ein Teilschmerzengeld von € 2.000,–. Der Sichernde brachte im Verfahren vor, dass der Vorsteiger seiner Meinung nach ein Mitverschulden am Unfall hätte, da er sich nach dem Einhängen des Umlenkkarabiners am Top ohne Kontakt aufzunehmen ins Seil gesetzt hatte.

Der Sichernde beantragte die Einholung eines klettertechnischen Sachverständigengutachtens zum Beweis dafür, dass der Unfall und der Schaden nicht passiert wären, wenn sich der Verletzte an die Kletterregel Nr. 6 des Alpenvereins („Lass deinen Partner wissen was du tust“) gehalten hätte, wozu er verpflichtet war. Dieser Beweisantrag wurde vom Erstgericht abgewiesen, das heißt der Beweis wurde nicht aufgenommen, somit kein Gutachten eingeholt.

Der Sichernde wurde wegen des Vergehens der fahrlässigen schweren Körperverletzung zu einer Geldstrafe von 50 Tagessätzen (wobei der einzelne Tagessatz mit € 2,– bemessen wurde; gesamte Geldstrafe sohin € 100,–), zur Bezahlung eines Teilschmerzengeldes von € 2.000,– an den Verletzten sowie zum Ersatz der Kosten des Strafverfahrens verurteilt. Die Geldstrafe wurde bedingt nachgesehen für eine Probezeit von drei Jahren. Das bedeutet, dass sie vorerst nicht bezahlt werden muss.

Das Bezirksgericht Innsbruck als Erstgericht ging davon aus, dass der Unfall passierte, weil der Sichernde, als er einen Zug am Seil spürte, das Bremsseil aus dem Sicherungsgerät nach oben gab (sohin die Sicherung nicht mehr blockierte), ohne sich zu vergewissern, ob dies die Situation verlangte. In weiterer Folge lief das Seil durch das Sicherungsgerät durch. Der Sichernde konnte das Seil nicht mehr blockieren, es kam dadurch zum Absturz. Der Sichernde war unaufmerksam gewesen, weil er in ein Gespräch mit der Nachbarseilschaft verwickelt war und keinen Blickkontakt zum Vorsteiger aufgenommen hatte. Er habe dadurch die nötige Sorgfalt außer Acht gelassen. Dieses Verhalten des Sichernden wurde als schwer gewertet (schweres Verschulden), weshalb eine Diversion nicht möglich war. Außerdem soll die Gesellschaft sensibilisiert werden, dass das Betreiben von gefährlichen Sportarten (wie Klettern) das Einhalten der nötigen Sorgfalt unabdingbar macht. Das Erstgericht ging davon aus, dass bei voller Aufmerksamkeit beider Kletterpartner das Risiko eines Unfalleintrittes unwahrscheinlich ist. Es ging auch davon aus, dass der Vorsteiger ein Mitverschulden am Kletterunfall hat, da er es unterlassen hat, ein Abseilkommando zu geben und sich ohne Kontaktaufnahme ins Seil setzte.

Gegen das Urteil des Bezirksgerichtes Innsbruck erhoben sowohl der Sichernde als auch die Staatsanwaltschaft Innsbruck ein Rechtsmittel. Der Sichernde erhob eine Berufung wegen Nichtigkeit und des Ausspruchs über die Schuld. Die Staatsanwaltschaft erhob eine Berufung wegen des Ausspruchs über die Strafe.

Das Landesgericht Innsbruck als Berufungsgericht bestätigte das erstinstanzliche Urteil und setzte die Strafe für den Beschuldigten (Sichernden) auf 80 Tagessätze hinauf. Auch die Kosten des Berufungsverfahrens gehen daher zu Lasten des Sichernden.

Das Berufungsgericht schloss sich der erstgerichtlichen Begründung an. Die von der Verteidigung vorgebrachte Behauptung, wonach der Absturz ausschließlich dadurch verursacht worden sei, weil der Vorsteiger das Abseilkommando unterlassen hätte, sei lebensfremd und nicht richtig. Der Unfall sei allein dadurch entstanden, dass der Sichernde die Sicherung gelöst hatte, ohne nach oben zu seinem Kletterpartner zu sehen. Hätte der Beschuldigte die Sicherung nicht gelöst, wäre der Absturz auch nicht erfolgt. Dem Verunfallten wurde jedoch ein Mitverschulden (wegen der fehlenden Kontaktaufnahme) angelastet. Die Frage, ob der Beschuldigte nach den Kletterregeln richtig gehandelt habe oder nicht, ist eine alleine vom Gericht zu beantwortende

Rechtsfrage, weshalb die Abweisung dieses Beweisantrages durch das Erstgericht zu Recht erfolgt ist. Die Erhöhung der Tagessätze von 50 auf 80 wurde vorgenommen, da von einem schweren Verschulden des Sicherungspartners auszugehen und die Strafe des Erstgerichtes daher zu gering war.

Das Urteil ist rechtskräftig, das Strafverfahren damit endgültig entschieden.

E. Unaufmerksamkeit des Sicherungspartners

Schlagworte: **Vorsteiger stürzte. Sichernder unterhielt sich mit Nachbarseilschaft. Die Sicherung konnte nicht mehr blockiert werden. Sturz aus 10 m auf den Boden.**

Entscheidung: **Strafverfahren**

Bezirksgericht Innsbruck	8 U 255/07s	Diversion

Der Unfall ereignete sich in einer Kletterhalle. Der Vorsteiger stieg in eine Route im 4. Schwierigkeitsgrad ein. Diese Tour kletterte er bis zwei Expressschlingen unterhalb des Tops. Dem Vorsteiger ging dann die Kraft aus. Er stürzte ins Seil. Der Sicherungspartner gab an, dass er sich mit einer neben ihm stehenden Nachbarseilschaft unterhalten und keinen Blickkontakt zum Vorsteiger hatte. Er habe den Anfang des Sturzes nicht gesehen. Der Vorsteiger fiel aus einer Höhe von ca. 10 m auf den Boden.

Von der Kletterhalle wurde sofort ein Unfallprotokoll aufgenommen. Die Polizeiinspektion nahm einen Alpinunfall-Bericht auf, fertigte Lichtbilder vom Unfallbereich an und ließ den Kletterablauf später nachstellen. Es wurde ein Sicherungsgerät der Marke ATC (Air Traffic Controller) verwendet. Das Seil war ein Einfachseil der Marke Beal, Länge 60 m, Durchmesser 9,7 mm. Der Vorsteiger kletterte sei ca. einem Jahr. Der Sicherungspartner kletterte seit drei Jahren. An diesem Tag gingen die beiden das erste Mal miteinander klettern. Ein Partnercheck wurde nicht durchgeführt. Der Vorsteiger erlitt eine schwere Körperverletzung, nämlich einen Bruch der Fersenbeine, Lungenquetschung, mehrfache Frakturen an der Wirbelsäule mit neurologischen Einschränkungen an der Wirbelsäule samt Auswirkung auf Blase und Darm (Stuhlganginkontinenz). Der Sichernde wies Brandblasen an der linken Hand jedoch keine Verletzungen an der rechten Hand (Bremshand) auf.

Verfahrensablauf:

Die Staatsanwaltschaft warf dem Sichernden vor, das Vergehen der fahrlässigen Körperverletzung begangen zu haben. Der Verteidiger beantragte dabei die Einholung eines alpintechnischen Sachverständigengutachtens.

Das Bezirksgericht erledigte das Strafverfahren mit einer Diversion. Dabei wurde das Strafverfahren für eine Probezeit eingestellt.

F. Falscher Handwechsel beim Sichern

Schlagworte: **Der Sichernde lies das Seil für einen Moment los. In diesem Moment stürzte der Vorsteiger. Sturz aus 10 m auf den Boden**

Entscheidung: **Strafverfahren**

Bezirksgericht Innsbruck	7 U 187/07h	Freispruch

Der Unfall ereignete sich in einer Kletterhalle. Der Vorsteiger kletterte eine Route im 5. Schwierigkeitsgrad. Auf einer Höhe von ca. 10 m hängte er das Seil in die vorletzte Zwischensicherung ein. Der Vorsteiger forderte den Sichernden auf, das Seil anzuziehen, weil ihm die Kraft ausgegangen war. In weiterer Folge forderte er den Sichernden jedoch auf, Seil nachzugeben, da er weiterklettern wollte. Der Sichernde gab das Seil mit der linken Hand aus und ließ das Seil durch die rechte Hand, die er (richtigerweise) unterhalb des Abseilachters hielt, durchlaufen. Der Vorsteiger hielt sich mit der rechten Hand an Griffen fest und zog mit der linken Hand Seil nach. Der Sichernde bemerkte, dass der Vorsteiger mehr Seil benötige und wollte mit der rechten Hand umgreifen, da er die rechte Hand bereits bis auf 10 cm an den Abseilachter geführt hatte. Zu diesem Zweck ließ er das Seil mit der rechten Hand für einen minimalen Moment los. Genau in diesem Moment stürzte der Vorsteiger, da ihn schlussendlich die Kraft verließ. Der Sichernde versuchte noch, mit beiden Händen das Seil zu greifen, was ihm jedoch nicht gelang. Der Vorsteiger stürzte ungebremst zu Boden. Als Sicherungsgerät wurde ein Abseilachter der Marke Cong verwendet. Das Seil war ein Einfachseil der Marke Beal, 9,7 mm Durchmesser. Der Vorsteiger wies keine längeren Kletterkenntnisse auf, wurde jedoch vom Sichernden instruiert und kletterte mit diesem im Sommer vor dem Unfall sechs bis sieben Mal. Der Sichernde hatte einen Kletterkurs absolviert. Vor dem Klettern wurde ein Partnercheck durchgeführt. Der Vorsteiger erlitt eine schwere Körperverletzung, nämlich eine Fraktur am linken Fuß, Bruch der Ferse, des Steißbeins und des Gelenkfortsatzes des Brustwirbels. Der Sicherungspartner wies eine leichte Brandverletzung an der Außenseite des rechten Daumens (Bremshand) auf.

Verfahrensablauf:

Dem Sichernden wurde mit Bestrafungsantrag der Staatsanwaltschaft Innsbruck vorgeworfen, die gebotene Sorgfalt und Aufmerksamkeit beim Sichern des Vorsteigers außer Acht gelassen zu haben, wodurch es geschehen konnte, dass der Vorsteiger aus einer Höhe von ca. 10 m ungebremst zu Boden stürzte.

Das Bezirksgericht Innsbruck kam zum Ergebnis, dass der Sichernde voller Aufmerksamkeit und ordnungsgemäß gesichert hat. Das kurze Nachfassen des Seiles wäre erforderlich gewesen und entspreche der allgemeinen Lebenserfahrung. Ein Fehlverhalten könne daher nicht festgestellt werden, weshalb ein Freispruch zu erfolgen hatte.

Die Staatsanwaltschaft Innsbruck hat gegen dieses Urteil vorerst berufen, die Berufung letzten Endes aber zurückgezogen.

Der Freispruch ist rechtskräftig und das Strafverfahren damit beendet.

G. Sichernder griff zum Seilsack

Schlagworte: **Der Sichernde griff nach hinten zum Seilsack. Er ließ das Sicherungsseil für einen Moment los. Der Vorsteiger stürzte in diesem Moment.**

Entscheidung: **Strafverfahren**

Bezirksgericht Innsbruck	9 U 236/07d	Diversion

Der Unfall ereignete sich in einer Kletterhalle. Der Vorsteiger kletterte eine Route der Schwierigkeit IV+ (UIAA). Als sich der Vorsteiger in einer Höhe von 11 m befand, blickte der Sichernde zum Seilsack hinter ihm und griff mit seiner Sicherungshand (rechte Hand) zum Seilsack, um das Seil zurechtzurücken. Den Vorsteiger verließ in diesem Moment die Kraft. Er fiel (unwesentlich gebremst) zu Boden und brach sich den ersten Lendenwirbel. Der Sichernde gab an, statt mit der rechten Hand das Bremsseil mit der linken Hand unterhalb des Reverso gehalten zu haben. Das Spurenbild der Verbrennungen an der linken Hand lässt aber eher darauf schließen, dass sich die linke Hand oberhalb des Sicherungsgerätes befand, da ansonsten von einem anderen Verbrennungsmuster ausgegangen werden müsste. Als Sicherungsgerät wurde ein Reverso der Firma Petzl verwendet. Das Seil war ein Einfachseil der Marke Sportler Alpin, 9,8 mm Durchmesser. Der Vorsteiger erlitt eine schwere Körperverletzung, nämlich einen Bruch des ersten Lendenwirbels (die Verletzung wird ohne Folgeschäden bleiben). Der Sichernde erlitt Verbrennungen an der linken Hand.

Der Vorsteiger kletterte seit neun Jahren, dies aber sporadisch, wobei er die letzten drei Jahre gar nicht kletterte. Der Sichernde kletterte seit einigen Jahren, regelmäßig seit acht Monaten. Beide Kletterer verfügen über keine alpine Qualifikation in Form von Kursen bei alpinen Vereinen. Ein Partnercheck wurde vor dem Klettern durchgeführt.

Verfahrensablauf:

Die Staatsanwaltschaft Innsbruck warf dem Sichernden mit Bestrafungsantrag vor, das Vergehen der fahrlässigen Körperverletzung zum Nachteil des Vorsteigers begangen zu haben.

Das Bezirksgericht Innsbruck stellte das Verfahren im Rahmen einer Diversion nach Durchführung eines außergerichtlichen Tatausgleichs gegen Erstattung der Verfahrenskosten in der Höhe von € 100,– ein. Die Voraussetzungen für die Durchführung des außergerichtlichen Tatausgleichs im Rahmen der Diversion lagen vor (der Sachverhalt war hinreichend geklärt, eine Bestrafung nicht geboten um den Sichernden von weiteren Straftaten abzuhalten, die Tat hatte nicht den Tod des Vorsteigers zur Folge, der Vorsteiger – Verletzte verlangte nicht die Fortsetzung des Strafverfahrens). Der Sichernde hatte außerdem bei der Einrichtung „Neustart" die Verantwortung für den Unfall übernommen und zugestanden, beim Sichern unachtsam gewesen zu sein. Der Vorsteiger machte keine Forderung geltend, da er die Freundschaft zu seinem Kletterpartner über alles andere stellte.

H. Sichernder konnte Sturz nicht halten

Schlagworte: **Der Sichernde erlitt Verbrennungen dritten Grades. Er konnte den Sturz trotzdem nicht halten.**

Entscheidung: **Das Strafverfahren wurde von der Staatsanwaltschaft eingestellt.**

Der Unfall ereignete sich in einer Kletterhalle. Der Vorsteiger kletterte eine Route im IV. Schwierigkeitsgrad (UIAA). Knapp vor dem Top (Umlenkkarabiner) holte er gerade so viel Schlappseil ein, als er zum Einhängen benötigte. Der Vorsteiger rutsche dann jedoch mit dem rechten Fuß ab und fiel im freien Fall, bis der Sichernde (bedingt durch das Schlappseil) Zug auf das Seil bekam. Durch den freien Fall wirkte nach den Schilderungen des Sichernden so viel Energie auf ihn ein, dass ihm das Seil durch das Sicherungsgerät und durch beide Hände gerissen wurde. Als Sicherungsgerät wurde ein Tuber der Marke Black Diamond ATC XP verwendet. Das Seil war ein Edelweiss 10,3 mm. Der Vorsteiger kletterte seit vier Jahren, der Sichernde kletterte seit vier Wochen. Der Vorsteiger hatte dem Sichernden einige Wochen vor dem Unfall die erforderlichen Grundkenntnisse beigebracht. Die Kletterpartner hatten gemeinsam ein Sturztraining durchgeführt. Zum Partnercheck konnten keine Angaben gemacht werden. Der Vorsteiger erlitt eine schwere Körperverletzung, nämlich einen Bruch des dritten und vierten Mittelfußknochens. Der Sichernde erlitt Verbrennungen 3. Grades an beiden Händen.

Verfahrensablauf:

Das Verfahren wurde von der Staatsanwaltschaft Innsbruck ohne Erhebung eines Strafantrages eingestellt.

I. Kein Knoten im Seilende

Schlagworte: **Kein Knoten im Seilende. Zu kurzes Seil zum Abseilen in der Halle. Gast rutschte beim Abseilen über das Seilende hinaus.**

Entscheidung: **Zivilverfahren**

Landesgericht Salzburg	5 Cg 204/91	29.12.1993
Oberlandesgericht Linz	1 R 90/94	29.06.1994

Der Kläger vereinbarte mit dem Beklagten (Bergführer und Betreiber einer Bergsteigerschule) die Ausbildung in einfacher Klettertechnik zum Begehen von Klettersteigen. Es war der erste Kletterkurs des Klägers. Der Kurs wurde vorerst im Freien abgehalten. Vorerst wurden „Knoten“ geübt, dann „passives Abseilen“ (darunter wird verstanden, dass der Kletterer von seinem Partner zu Boden abgelassen wird. Anschließend wurde „aktives Abseilen“ geübt (selbstständiges Abseilen ohne Hilfe des Partners). Bei diesem Abseilen ist der Kletterer durch eine zusätzlich Schlinge, einen sogenannten Prusikknoten, unterhalb des Abseilachters gesichert. Bereits im Freien war der Kläger vom Beklagten mehrmals angewiesen worden, sich in stehender Haltung abzuseilen. Der Beklagte musste dabei die Haltung des Klägers bereits im Freien mehrmals korrigieren. Anschließend wurde der Kurs in den Kletterturm nach innen verlegt. Das Seil reichte dort nicht mehr bis zum Boden, sondern endete ca. 1,6 m über diesem. Die Seilenden waren nicht miteinander verknotet. Der Kläger war nicht durch ein weiteres Seil gesichert. Beim Abseilen im Kletterturm geriet der Kläger mit dem Prusikknoten aus dem Seil, stürzte in Sitzhaltung zu Boden und verletzte sich schwer.

Verfahrensablauf:

Der Kläger begehrte insgesamt ATS 361.361,80 an Schadenersatz (ATS 300.000,– an Schmerzengeld, ATS 51.000,– an Verdienstentgang und ATS 10.361,80 an Heilungskosten) sowie die Feststellung, dass der Beklagte für alle künftigen Schäden aus diesem Ereignis zu haften habe.

Ein alpintechnisches Sachverständigengutachten wurde eingeholt.

Das Landesgericht Salzburg als Erstgericht gab der Klage statt, sprach dem Kläger ATS 271.351,80 zu und gab dem Feststellungsbegehren statt.

Gegen dieses Urteil erhoben Kläger und Beklagter Berufung.

Das Oberlandesgericht Linz als Berufungsgericht gab beiden Berufungen statt und bestätigte das Feststellungsbegehren. Es sprach dem Kläger zudem ATS 305.361,80 an Schadenersatz zu und bestätigte die Haftung des Beklagten. Es bestätigte, dass der Beklagte die berufsbedingt und vertraglich übernommene Verpflichtung, für die Sicherheit des Klägers zu sorgen, verletzte, weil er den Kläger beim Abseilen nicht zusätzlich sicherte und den Unfall nicht durch einen Knoten am Ende des Seils oder durch ein bis an den Boden reichendes Seil verhinderte. Das Erlangen der richtigen Körperhaltung beim Abseilen war Teil und Zweck der Ausbildung. Der Beklagte hätte weitere Anweisungen geben und zusätzliche Sicherungsmaßnahmen ergreifen müssen. Der Kläger stürzte aufgrund eines rechtswidrigen und fahrlässigen Verhaltens des Beklagten ab. Den Kläger traf kein Mitverschulden am Unfall. Beim einem Anfänger, der in einer gefahrenträchtigen Sportart gewisse Fertigkeiten erwerben will, muss sich die objektiv zu verlangende Sorgfalt an dem bereits Erlernten orientieren. Vom Kläger konnte aufgrund seiner bisherigen mangelnden Fähigkeiten nur ein äußerst geringes Maß an Eigenverantwortung verlangt werden. Die Verantwortlichkeit für die Sicherheit lag nahezu ausschließlich beim Beklagten. Da der Beklagte den Kläger schon im Freien mehrmals punkto Körperhaltung korrigieren musste, musste er mit Schwierigkeiten rechnen, wenn sich der Kläger im Inneren erstmals freihängend abseilen sollte. Dass der Kläger beim Anseilen in eine Sitzhaltung gelangte, war ihm nicht als Mitverschulden anzulasten. Der Kläger hatte auf keinen Fall damit zu rechnen, dass das Seil ca. 1,6 m über dem Boden enden würde. Es war deshalb von einem Alleinverschulden des Beklagten auszugehen.

J. Ungenügende Mattensicherung am Boden

Schlagworte: **Absturz beim Bouldern, Verschuldensteilung Bergsportverein und Kletterin**

Entscheidung: **Zivilverfahren**

Landesgericht Linz	2 Cg 138/05z	29.03.2006
Oberlandesgericht Linz	3 R 138/06v	20.10.2006
Oberster Gerichtshof	6 Ob 17/07d	15.02.2007

Der beklagte Verein hatte in einem Vereinshaus einen Kletterturm eingerichtet. Der Sohn der Klägerin hatte an einer von der beklagten Partei angebotenen Klettersportausbildung teilgenommen. Im Rahmen einer Weihnachtsfeier sollten die Eltern an der Boulderwand aufgehängte Süßigkeiten (in einer Höhe von ca. 3,20 Metern) für ihre Kinder herunterholen. Am Boden waren Matten aufgelegt; eine vollflächige

Abdeckung des Bodens war jedoch aufgrund der räumlichen Gegebenheiten der Kletterwand nicht möglich. Die Klägerin war im Klettern völlig unerfahren. Sie bat deshalb einen Verantwortlichen darum, angeseilt zu werden. Ihr wurde daraufhin mitgeteilt, an wen sie sich zum Anseilen zu wenden habe. Im Boulderraum entschied sich die Klägerin dann jedoch, ungesichert hinaufzusteigen. Sie versuchte mit ihrer linken Hand den Karabiner des in einer Höhe von 3,20 Metern hängenden Geschenkes zu öffnen. Dabei verließ sie die Kraft in der rechten Hand. Ein Verantwortlicher versuchte noch, den Fuß der Klägerin auf einen anderen Tritt zu stellen, damit sie heruntersteigen könne. Dies gelang der Klägerin nicht. Als sich ihre Füße in einer Höhe von ca. 1,65 Metern befanden, fiel sie herunter. Beim Aufprall geriet die Klägerin mit einem Fuß genau in den Spalt zwischen zwei nebeneinander liegenden Matten. Diese drifteten auseinander, sodass sie mit dem Fuß direkt am Fußboden auftraf und sich verletzte.

Verfahrensablauf:

Der Oberste Gerichtshof ging davon aus, dass die mit der Sportart verbundene Selbstgefährdung nicht durch eine von der Anlage ausgehende, nicht erkennbare Gefahrenquelle erhöht werden darf. Die im Unfallbereich aufgelegten Matten boten keinen ausreichenden Fallschutz beim Klettern ohne Seil. Die Matten hätten vollflächig aufgelegt werden müssen. Der Sachverständige hatte auch ausgeführt, das die Mattenabsicherung aus technischer Sicht nicht in Ordnung gewesen sei, weil sie keine Stufen und keine Spalten hätte aufweisen dürfen. Da es keine Einweisung für Kletterunkundige gegeben hatte und seitens des Veranstalters signalisiert wurde, dass eine Sicherung mittels Seil freiwillig sei, war für die Kletterin nicht erkennbar, dass die Kletterstelle relativ schwierig war. Die Gefahrensituation, in welche sich die Klägerin begab, war daher für sie nicht erkennbar. Der Haftungsausschluss des Handelns auf eigene Gefahr schied damit aus. Die beklagte Partei hat nicht für das „Herunterfallen“ der Klägerin einzustehen. Sie hat jedoch einzustehen für die falsch aufgelegten Matten, die zur Verletzung der Klägerin geführt hatten.

Ausgehend von der schuldhaft herbeigeführten Gefahr (ungenügende Mattensicherung), die der beklagten Partei zuzurechnen ist und dem Sorgfaltsverstoß der Klägerin (Anwendung jener Sorgfalt, die ein verständiger Teilnehmer der Weihnachtsfeier in dieser Situation angewendet hätte) war von einer Verschuldensteilung von 2:1 zu Lasten der beklagten Partei auszugehen.

Diese Entscheidung stellt unseres Erachtens, im Unterschied zum nachfolgenden Fall K), eine nachvollziehbare und argumentierbare Entscheidung dar. Auch wenn dem Hallenbetreiber vertragliche Schutz- und Sorgfaltspflichten zukommen, kann und soll beim Klettern (und auch Bouldern) die Eigenverantwortung nicht außer Acht gelassen werden. Kletterer haben sich (teilweise mehr als andere Sportler) mit ihrem Material zu beschäftigen und sicherzustellen, dass dieses funktionstüchtig ist. Einem Kletterer kann und muss zugemutet werden, dass er augenscheinliche Gefahren erkennt und sich diesen nicht aussetzt. Natürlich wird dabei jedoch auf das Können des Kletterers und dessen Erfahrung abzustellen sein. Im vorliegenden Fall wäre es der Kletterin jedoch möglich gewesen zu erkennen, dass die am Boden ausgelegten Matten einen Spalt freiließen und es bei einem Absprung oder Fall auf die Matte dazu kommen kann, dass ein Körperteil genau auf dieser Stelle auftrifft.

K. Ungenügende Mattensicherung

Schlagworte: **Alleinverschulden des Hallenbetreibers für eine Verletzung der Kletterin bei ungenügender Mattensicherung im Boulderbereich**

Entscheidung: **Zivilverfahren**

Landesgericht Wien	12 Cg 68/04i	27.2.2007
Oberlandesgericht Wien	15 R 95/07m	5.6.2007

Der Beklagte ist Betreiber einer Kletterhalle. In dieser befinden sich auch Räumlichkeiten, welche zum Bouldern (seilfreies klettern in Absprunghöhe) vorgesehen sind. Der Boulderbereich ist dabei durch dicke Aufsprungmatten erkennbar. Sowohl bei erfahrenen als auch unerfahrenen Kletterern kommt es beim Bouldern zu unkontrollierten Absprüngen. Der Verletzungsgefahr, die durch das Fallen entsteht, wirken die aufgelegten Matten entgegen.

In der Kletterhalle des Beklagten waren 0,5 Meter dicke Matten ausgelegt. Die Matten reichten stellenweise bis zu den Kletterwänden. Der Spalt zwischen zwei Fallschutzmatten war mit weichen Zwischenstücken ausgelegt. An den Seiten des Boulderbereichs gab es an den Randzonen jeweils einen Spalt zwischen 0,2 bis zu 0,6 Metern Breite. In diesen frei bleibenden Spalten war der Parkettboden an der rechten Seite des Boulderbereichs fast vollständig mit 4 cm starken Turmmatten abgedeckt; im linken Bereich fehlten diese.

Die Klägerin war zum ersten Mal Bouldern. In der Kletterhalle wurde die Klägerin nicht hinsichtlich irgendwelcher Bestimmungen informiert. Sie musste auch keine Benützungsbedingungen oder -bestimmungen unterfertigen. Die Klägerin boulderte im linken Bereich der Boulderhalle und verlor beim Bouldern in einer Höhe von 2,00 bis 2,5 Metern (gerechnet von den Füßen weg) mit den Füßen die Haftung. In weiterer Folge hing sie nur an den Händen bis sie die Kraft verließ. Sie stürzte ab und kam dabei mit Rücken und Gesäß auf der Matte, mit dem rechten Fuß im Spalt zwischen Matte und Kletterwand auf. Die Klägerin begehrte Schmerzengeld, Verdienstentgang, Haushaltshilfe, Verunstaltungsentschädigung und die Feststellung, dass der Beklagte für sämtliche Folgen aus diesem Unfall zu haften hat.

Das Landesgericht Wien als Erstgericht ging von einem Alleinverschulden des Beklagten aus. Ob Benützungsbestimmungen ausgehängt waren, konnte im Anschluss nicht mehr festgestellt werden. Zwischen der Klägerin und dem Beklagten sei ein Vertrag zustande gekommen. Die Hauptleistungspflicht des Beklagten habe darin bestanden, der Klägerin das Bouldern in den Boulderräumen zu ermöglichen. Dabei habe er Verletzungsgefahren – soweit zumutbar – auszuschließen gehabt. Der Klägerin könne kein Vorwurf gemacht werden; auch bei geübten Kletterern sei ein unkontrolliertes Abstürzen möglich. Der Beklagte hingegen habe die ihn treffenden Verkehrssicherungspflichten verletzt. Wäre zwischen den Matten kein Spalt frei geblieben, wäre der Unfall unterblieben.

Gegen dieses Urteil beriefen der Beklagte und die Klägerin (weil ihr nicht das gesamte begehrte Schmerzengeld zugesprochen worden war).

Das Oberlandesgericht Wien als Berufungsgericht bestätigte das erstinstanzliche Urteil hinsichtlich des Alleinverschuldens des Beklagten und sprach der Klägerin ein höheres Schmerzengeld zu. Das Berufungsgericht verwies auf die Begründung des Erstgerichtes und stellte zusätzlich fest, dass es sich um einen Fall der vertraglichen Verkehrssicherungspflichten handle. Der Beklagte hatte daher zu beweisen, dass die erforderlichen Sicherheitsvorkehrungen getroffen worden waren. Ihn traf auch die Beweislast für ein allfälliges Mitverschulden der Klägerin. Bei der Klägerin liegt weder ein Eigenverschulden noch ein Handeln auf eigene Gefahr vor. Der Verletzungsgefahr durch einen fallweise unkontrollierten Absprung sollen die im Sturzraum aufgelegten Matten entgegenwirken. Die Klägerin habe zwar ein Verletzungsrisiko zu tragen, dies resultiere aus der nicht zur Gänze ausschließbaren Möglichkeit, sich aufgrund eines besonders unglücklichen Sturzes oder Aufpralls auf der Matte zu verletzen. Die Klägerin verletzte sich jedoch, weil sie mit dem Fuß in den Spalt zwischen den Matten aufkam. Aus Sicherheitsgründen dürfen im gesamten Sturzbereich keine Spalten zwischen den Matten bestehen. Dies sehen die zum Unfallzeitpunkt lautenden Empfehlungen des österreichischen Institutes für Schul- und Sportstättenbau (ÖISS) vor. Der Beklagte hafte nicht für das Herunterfallen der Klägerin, sondern für die ungenügende Sicherung durch unzureichend aufgelegte Matten.

L. Absturz wegen mangelhaftem Knoten

Schlagworte: **Verpflichtung des Hallenbetreibers Knoten in Toprope-Seilen zu kontrollieren**

Entscheidung: **Zivilverfahren**

Landesgericht Wien	5 Cg 219/00p	14.11.2002
Oberlandesgericht Wien	16 R 29/03g	11.8.2003

Der Erstbeklagte betreibt eine Kletterhalle. Am Unfalltag besuchte der Kläger das fünfte Mal die Kletterhalle des Erstbeklagten. Der Kläger wurde beim ersten Besuch lediglich allgemein gefragt, ob er klettern könne. Fragen zur Kletterausbildung wurden nicht gestellt. Im Zuge der Unterfertigung der Geschäftsbedingungen und der Einverständniserklärung unterfertigte der Kläger auch, dass er der Seil- und Sicherungstechnik mächtig sei sowie über Gefahren und Risiken des Sportes Bescheid wisse. Er unterfertigte weiters, dass Seilknoten nicht zu öffnen und vor dem Klettern zu überprüfen seien.

Der Kläger war an diesem Tag bereits an mehreren anderen Stellen in der Kletterhalle geklettert, als er beschloss, eine höhere Wand zu besteigen. An dieser Stelle war bereits ein Toprope-Seil eingehängt. Das

Seil verfügte an beiden Enden über einen Achterknoten, wobei einer der Knoten nicht fachgerecht ausgeführt war. Dies hätte laut Sachverständigengutachten bei einer kurzen Überprüfung des Knotens erkannt werden können. Der Knoten wurde ursprünglich vom Zweitbeklagten angefertigt, welcher bei Rundgängen durch die Halle fehlerhafte Knoten erneuerte. Der Kläger hängte seinen Karabiner in die größte der vorhandenen Schlingen im Toprope-Seil ein und übersah dabei, dass diese nicht zur Befestigung gedacht war. Der Kläger und ein Sicherungspartner führten anschließend einen Partnercheck durch, wobei sie lediglich die Karabiner überprüften und nicht den Knoten, in welchen sich der Kläger eingebunden hatte. Beim Ablassen nach dem Hinaufklettern löste sich der Knoten und der Kläger stürzte aus einer Höhe von ca. vier bis fünf Metern auf den Boden.

Das Erstgericht ging von einer Verschuldensteilung 1:1 aus (50 % Verschulden der Beklagten und 50 % Verschulden des Klägers). Es argumentierte damit, dass ein Vertragsverhältnis vorlag und es den Beklagten nicht gelungen sei, sich von einem Verschulden freizubeweisen. Die Knoten waren von ihnen nicht regelmäßig überprüft worden. Dem Kläger wurde ein erhebliches Mitverschulden zur Last gelegt, weil er beim Partnercheck die Kontrolle des Knotens unterlassen hatte.

Der Kläger und die Beklagten bekämpften das Urteil.

Das Oberlandesgericht Wien als Berufungsgericht gab den Berufungen keine Folge und bestätigte das erstinstanzliche Urteil. Es stellte fest, dass es im vorliegenden Fall lediglich um die Rechtsfrage ging, zu welchen Kontrollen der Kletterknoten in den Toprope-Seilen der Betreiber der Kletterhalle verpflichtet ist. Die vertragliche Verpflichtung der Beklagten bestand nur darin, dem Kläger gegen Entgelt die Kletterwände samt den entsprechenden Sicherungseinrichtungen zur Verfügung zu stellen und diese in einem ordnungsgemäßen Zustand zu halten (Wartung, Reinigung und Kontrolle). Eine Verpflichtung, dem Kläger Betreuung und Beratung während des Kletterns zur Verfügung zu stellen, bestand nicht. Da es laut Geschäftsbedingungen untersagt war, die Knoten zu öffnen, war rechtlich abzuleiten, dass die Beklagten für den Zustand der Seile und der Knoten gegenüber den Vertragspartnern haften. Aufgrund des äußerst mangelhaft durchgeführten Partnerchecks, welcher vom österreichischen Alpenverein empfohlen wird, hatte der Kläger jene Sorgfalt außer Acht gelassen, die ein verständiger Kletterer in seiner Lage angewandt hätte. Der Partnercheck hätte das korrekte

Einbinden in den Knoten bzw. das korrekte Einhängen des Karabiners in den vorhandenen Knoten und eine Überprüfung des Knotens selbst umfassen müssen. Bei Durchführung eines korrekten Partnerchecks hätte der Unfall vermieden werden können.

M. Felsausbruch am Standplatz

Schlagworte: **Wartung eines Klettergartens - unvermittelter Felsausbruch (samt Standplatz)**

Entscheidung: **Strafverfahren**

Sachverhalt:

In einem vom österreichischen Alpenverein gehaltenen Klettergarten kletterte die Verunfallte mit einer Freundin. Die Verunfallte hatte sich einen Standplatz mit einer kurzen Bandschlinge an einem alten eingeklebten Ringhaken in der Wand eingerichtet. Sie sicherte ihre Freundin von diesem Standplatz aus, wobei ihre Freundin die Route im Vorstieg kletterte. Unvermittelt brach ein großer Felsbrocken, an welchem die Verunfallte selbst gesichert war, aus der Wand aus und überrollte die Verunfallte.

Von der Staatsanwaltschaft Salzburg wurde ein Strafverfahren wegen fahrlässiger Körperverletzung gegen jenen Bergführer eingeleitet, welcher vom Österreichischen Alpenverein entgeltlich für die Wartung eingesetzt und damit beauftragt wurde. Es konnte aufgrund eines Wartungsbuches nachgewiesen werden, dass der Klettergarten regelmäßig, mehrmals jährlich, von dafür befähigten Personen gewartet und überprüft wurde.

Das Strafverfahren wurde (ohne Erhebung eines Strafantrages) eingestellt, da kein Verschulden nachgewiesen werden konnte.

Unseres Erachtens eine begrüßenswerte Entscheidung, da Klettern eine Risikosportart ist, bei welcher immer eine Eigenverantwortung und ein alpines Restrisiko bleiben.

N. Steinschlag durch querende Seilschaft

Schlagworte: **Querung durch eine weitere Seilschaft. Steinschlag**

Entscheidung: **Zivilverfahren (unveröffentlicht)**

Sachverhalt:

Die Verunfallte und ihr Kletterpartner kletterten im Rahmen eines Alpenvereinskurses in einem Klettergarten, welcher nicht vom österreichischen Alpenverein gewartet wird. Die Route wurde vom Bergführer ausgesucht. Die Verunfallte und ihr Kletterpartner befanden sich in der Mitte der Wand, als eine fremde, von der Seite kommende, Seilschaft die Wand oberhalb von ihnen querte. Dabei brach ein 2 x 1 x 0,5 m großer Felsbrocken (Gewicht 3 t) aus und stürzte auf die Verunfallte und ihren Kletterpartner.

Im Zivilverfahren wurden der Bergführer der Verunfallten, der Bergführer der querenden Seilschaft und die entsprechende Sektion des österreichischen Alpenvereins (als Veranstalter) geklagt.

Eine Haftung der Sektion wurde verneint, da diese für den Zustand der Wand nicht haftet, da sie weder Eigentümerin der Wand war noch den „Verkehr durch die Wand" eröffnet hatte. Für den querenden Bergführer bestand kein Anzeichen für einen Felsausbruch. Eine Querung wäre nur dann unzulässig, wenn dadurch die untere Seilschaft durch einen Steinschlag oder durch einen Sturz der oberen Seilschaft (und den dabei folgenden Seilverlauf) gefährdet wäre. Aus den Zeugeneinvernahmen ergab sich außerdem, dass der Teil der Kletterwand, an welchem der Unfall passierte, Tage zuvor unbedenklich schien, von Kletterern benutzt wurde und keine Anzeichen für einen Felsabbruch vorlagen. Da keine objektive Gefahr durch das Queren bestand, musste auch der Bergführer der Verunfallten nicht eingreifen, als er die Querung bemerkte. Auch ihn trifft keine Haftung.

Die Klage wurde abgewiesen. Das Urteil ist rechtskräftig.

X. Checkliste für Unfälle

- ☐ Erstversorgung des Verletzten
- ☐ Kontaktaufnahme mit dem Krankenhaus
- ☐ Kontaktaufnahme mit der Polizei (Alpinpolizei)
- ☐ Feststellung der Art der Verletzung
- ☐ Anfertigen von Lichtbildern
- ☐ Feststellung der verwendeten Sicherungsgeräte
- ☐ Kontrolle des Anseilknotens bzw. Kappen des Seils vor und nach dem Knoten bzw. vor und nach dem Sicherungsgerät
- ☐ Feststellung des verwendeten Seiles
- ☐ Kontrolle des Materials in der Wand (Umlenkkarabiner, Expressschlinge, Toprope-Seil)
- ☐ Feststellung der Erfahrung der Kletterpartner
- ☐ Name und Anschrift allfälliger Zeugen notieren
- ☐ Aufnahme der Beobachtungen allfälliger Zeugen (schriftlich)
- ☐ Unfallbericht in der Kletterhalle ausfüllen

XI. Musterbestimmungen für Hallenregeln

A. Registrierung

Name:	Vorname:
Straße:	PLZ, Ort:
Geburtsdatum:	Telefon:

Ich bin Mitglied bei (z.B. ÖAV, Naturfreunde, Touristenclub, ...):

Ich bestätige, dass ich die für die Benutzung der Sportkletteranlage erforderlichen kletter-, seil- und sicherungstechnischen Fähigkeiten besitze und die folgenden Fragen mit JA beantworten kann:

1. Können Sie einen Hüftgurt bzw. eine Kombination aus Brust- und Sitzgurt korrekt anziehen?	☐ JA	☐ NEIN
2. Sind Sie mit der korrekten Handhabung des Sicherungsgerätes in Verbindung mit dem Klettergurt beim Sichern vertraut?	☐ JA	☐ NEIN
3. Können Sie sich korrekt mittels eines Achter- oder doppelten Bulin-Knotens in den Klettergurt einbinden?	☐ JA	☐ NEIN

Ich nehme zur Kenntnis, dass ich nur die Boulderanlage benutzen darf, wenn ich eine der oben stehenden Fragen mit NEIN beantwortet habe.

Mir ist bewusst, dass mein Kletterpartner die oben genannten Fragen ebenfalls mit JA beantworten muss, damit ein verantwortungsvolles Klettern miteinander möglich ist.

Ich bestätige auch, dass ich die Bestimmungen für die Benutzung der Halle auf der Rückseite dieser Registrierung bzw. im Aushang gelesen habe und die Kletterregeln zur Kenntnis nehme. Ich verpflichte mich zu ihrer Einhaltung. Mir ist bewusst, dass die Kletterhalle nicht beaufsichtigt ist. Ich akzeptiere, dass weder Betreiber noch Besitzer der Kletterhalle für meine Garderobe, Wertsachen oder Ausrüstungsgegenstände haften.

Für Jugendliche bis zum vollendeten 18. Lebensjahr ist zusätzlich die Unterschrift des/der Erziehungsberechtigten erforderlich.

Für Kinder unter 14 Jahren wird empfohlen, mit fachkundigen Aufsichtspersonen zu klettern. Als Erziehungsberechtiger bin ich über die mit dem Klettern verbundenen Gefahren unterrichtet und damit einverstanden, dass obengenannter eigenverantwortlich klettert. Mir ist bewusst, dass die Kletterhalle nicht beaufsichtigt ist.

B. Benutzerregeln/Hallenregeln

1. Klettern ist nur mit gültiger Eintrittskarte und nach Registrierung erlaubt.
2. Wer gegen die Benutzerregeln verstößt, kann vom Klettern ausgeschlossen werden. Der Eintrittspreis wird nicht ersetzt.
3. Die verwendete Ausrüstung muss den aktuellen Normen entsprechen.
4. Kein Klettern ohne Schuhe. Kein Klettern unter dem Einfluss von Alkohol, Drogen oder Medikamenten.
5. Kein Mitnehmen von Haustieren in die Kletterhalle.
6. Kleinkinder müssen in der Halle beaufsichtigt werden.
7. Das seilfreie Klettern ist nur im dafür vorgesehenen Bereich (Boulderbereich) erlaubt. Bouldermatten sind Sturzraum und daher freizuhalten.
8. Die verwendeten Seile müssen .... Meter lang sein.
9. Partnercheck vor jedem Klettern.
10. Kein Sichern im Sitzen. Kein Schlappseil lassen.

11. Gewichtsunterschiede beim Sichern beachten.
12. Direktes Einbinden ins Seil beim Vorstiegsklettern.
13. Im Vorstieg sind alle Zwischensicherungen einzuhängen.
14. Nie mehrere Seile in einen Sicherungspunkt einhängen.
15. Kein übereinander Klettern. Nicht in derselben Route klettern. Sturzraum frei lassen.
16. Im Nachstieg (Toprope) muss zusätzlich zum Sicherungspunkt jede Zwischensicherung eingehängt sein. Toprope-Seile dürfen nicht verändert werden.
17. Den Anweisungen des Hallenpersonals ist Folge zu leisten.
18. **Höchste Aufmerksamkeit beim Sichern. Fast alle Kletterunfälle passieren aufgrund von Sicherungsfehlern der Kletterpartner.**

C. Muster Wartungsvereinbarung

WARTUNGSVEREINBARUNG

I.) Präambel

(Halter des Klettersteiges, z.B. Tourismusverband oder Gemeinde), vertreten durch ……………………………………, ist Halter des …………………… (Bezeichnung des Klettersteiges) ……………………………………

Der (alpiner Verein / Bergrettungsortsstelle) übernimmt die laufende Wartung und Begehung dieses Klettersteiges.

II.) Begehung – Kontrolle – Wartung

Der ***(alpiner Verein etc.)***, übernimmt für den Halter ……………………………, die regelmäßige Begehung und Kontrolle der technischen Einrichtungen am Klettersteig.

Begehungen erfolgen zumindest ein Mal (im Frühjahr zu Beginn der Klettersaison) jährlich sowie weiters nach Elementarereignissen beziehungsweise Schadensmitteilung von dritter Seite.

Die Wartung umfasst insbesondere:

- Überprüfung auf Beschädigung, plastische Verformung oder Bruch der **Anker**;
- Überprüfung der **Stahlseile** auf Aufspleißen oder Riss durch Steinschlag oder Schneelasten;
- Überprüfen der **Tritthilfen** auf Beschädigungen, plastische Verformung oder Bruch.

Nicht umfasst sind Begehungen der Zustiegs- und Abstiegswege zum und vom Klettersteig, deren Kontrolle dem jeweiligen Wegehalter obliegt, sondern der Bereich zwischen unmittelbarem Ein- bzw. Ausstieg des Klettersteiges.

Die Wartung orientiert sich an den gemeinsamen Empfehlungen des DAV und des Kuratoriums für alpine Sicherheit von Chris Semmel und Florian Hellberg, DAV Sicherheitsforschung, München 2008, den Empfehlungen von climbers paradise sowie (nach Erscheinen) die Empfehlungen im Handbuch Klettergärten und Klettersteige des OEAV in Kooperation mit dem Land Tirol.

III.) Wartungsbuch

Der .... ***(alpiner Verein)*** führt über die Begehungen, festgestellte Mängel und durchgeführte Wartungs- oder Reparaturarbeiten Aufzeichnungen und stellt diese dem TVB tirolmitte über Aufforderung zur Verfügung, erstattet aber jedenfalls einmal jährlich Bericht über die erfolgten Begehungen.

IV.) Reparaturen und Material

(alpiner Verein) übernimmt **keine** (Gesamt-)Sanierung des Klettersteiges und führt Reparaturen untergeordnetem Ausmaßes durch, wie etwa Befestigung gelockerter Schraubverbindungen, Befestigung einzelner Tritthilfen oder Seilfixierungen, nicht jedoch Austausch längerer Seilpassagen etc. oder Austausch von Steighilfen in längeren Abschnitten des Klettersteiges. Umfangreiche Reparaturen sind vom Halter – allenfalls in Kooperation mit .... zu veranlassen. Durchgeführte Reparaturen werden dem Halter zur Kenntnis gebracht und dokumentiert.

Das für die Reparaturen erforderliche Material wird vom Halter gestellt.

V.) Sperre

Bei Feststellung ernsthafter Mängel ist von ***(alpiner Verein)*** unverzüglich die Sperre des Klettersteiges zu veranlassen und dies dem Halter zur Kenntnis zu bringen. Die Sperre erfolgt durch die Anbringung von .... Tafeln im Bereich des Einstieges und des Ausstieges des Klettersteiges sowie im Zustiegsbereich im Bereich ....

Sperren wegen Lawinengefahr bleiben davon unberührt und sind von den örtlichen Lawinenkommissionen der jeweiligen Gemeinden zu veranlassen.

VI.) Aufwandsentschädigung

Der ***(alpiner Verein)*** erhält eine jährliche Aufwandsentschädigung von **€ ....** Die Aufwandsentschädigung ist erstmals innerhalb eines Monats nach Unterfertigung der Wartungsvereinbarung, anschließend jährlich bis längstens 31.3. des Jahres auf das Konto .... bei der.............., BLZ ....,
lautend auf .... zur Anweisung zu bringen.

VII.) Gültigkeitsdauer

Die Wartungsvereinbarung wird auf unbestimmte Zeit abgeschlossen. Eine Kündigung der Vereinbarung ist für den Halter, die ***(alpiner Verein)*** und deren allfällige Rechtsnachfolger jeweils zum Jahresende ohne Einhaltung einer bestimmten Form oder Kündigungsfrist möglich.

............., am ....

....

XII. Kletterbegriffe[116]

Ablassen	Herunterlassen des im Seil hängenden Partners
Abseilen	Abstieg am Seil mittels Seilbremse und Prusik
Bohrhaken	Haken, der in einem gebohrten Loch verdübelt (Expansionsbohrhaken), zementiert oder fix verklebt (Klebehaken) wird
Bouldern	Klettern in Absprunghöhe und ohne Seil
Expressschlinge	zwei Karabiner, verbunden durch eine kurze abgenähte Bandschlinge; Bindeglied zwischen Seil und Bohrhaken
Fixseil	auch Toprope-Seil, der Kletterer wird mit einem von oben kommenden Seil – über einen Fixpunkt – gesichert
Freiklettern (Freeclimbing)	Zur Fortbewegung werden ausschließlich natürliche Strukturen benutzt; oft fälschlicherweise mit seilfreiem Klettern verwechselt
Free-Solo	Klettern im Alleingang und ohne Seilsicherung
Groundfall	Sturz auf den Boden
HMS-Karabiner	birnenförmiger Verschlusskarabiner, geeignet für die Halbmastwurfsicherung (HMS)
Indoor	Klettern in einer Halle
Klettergarten	Felswand mit Absicherung
On-Sight	Durchsteigen einer Route beim ersten Versuch, ohne vorheriges Erkunden durch Abseilen
Outdoor	Klettern im Freien

116 Teilweise aus: Sportkletter Fibel (österreichisches Kuratorium für alpine Sicherheit, 2. Auflage 2008)

Partnercheck	basiert auf dem „4-Augen-Prinzip", gegenseitige Kontrolle der Kletterpartner im Hinblick auf einen vollständig und richtig geknoteten Anseilknoten, einen festgezogenen und zurückgefädelten Gurt, ein richtig eingelegtes Sicherungsgerät, einen geschlossenen Sicherungskarabiner und ein verknotetes Seilende
Redundanz	Führung eines zweiten Sicherungssystems
Rotpunkt	Durchsteigen einer Route im Vorstieg ohne Rasten, Sturz oder Benutzung technischer Hilfsmittel (Haken, Leitern etc.)
Schraub-karabiner	Karabiner, die der Verbindung zwischen Seil und Sicherungsgurt des Kletterers dienen. Die Verschraubung soll ein unbeabsichtigtes Öffnen verhindern
Schlüsselstelle (Crux)	schwierigste Stelle/Passage einer Route
Seillänge	Distanz zw. Boden und Umlenker bzw. 2 Standplätzen
Selbstsicherung	Befestigung des Kletterers/Sichernden am Standplatz
Standplatz	Sicherungspunkt in Mehrseillängenrouten; besteht aus 2 Bohr- bzw. Klebehaken oder einem geklebten Sicherheitsring
Top	Bezeichnet den Umlenker und das obere Ende einer Route
Topo	Skizze, die den Routenverlauf durch Symbole verdeutlicht
Toprope-Klettern	Klettern mit Seilsicherung von oben (auch Fixseil)
Umlenker	Haken am Ende einer Route, an dem das Seil umgelenkt wird Vorstieg
Zwischen-sicherung	Sicherung zwischen zwei Standplätzen, die einen Sturz des Vorsteigers halten soll

Stichwortverzeichnis